Recettes pour un corps de rêve

Isabelle Lauras
Diététicienne

FIRST
Editions

L'auteur remercie Jean-Paul Blanc, auteur du *Petit livre de la minceur.*

ISBN : 978-27540-1720-6

Dépôt légal : 1er trimestre 2010
Imprimé en France
Mise en page : KN Conception
Conception couverture : Hokus Pokus

Éditions First
60, rue Mazarine
75006 Paris
Tél. : 01 45 49 60 00
Fax : 01 45 49 60 01
E-mail : firstinfo@efirst.com

Site internet : www.editionsfirst.fr

Introduction

Ça y est, vous avez pris une bonne résolution : vous mettre (ou devrais-je dire vous remettre ?) au régime… Finalement, plusieurs fois par an, les occasions de maigrir ne manquent pas : à chaque rentrée, après la visite annuelle chez votre médecin, après les fêtes de fin d'année ou encore avant les essayages de maillots de bain, les soldes (non, ce ne sont pas les vêtements qui taillent plus petits…) et surtout avant de partir à la plage ! Ce qui est certain, c'est que devoir repasser chaque année par la case régime montre bien que tous ces régimes un peu (sans vouloir faire d'euphémisme) farfelus que vous avez déjà faits ne vous ont pas aidé à stabiliser votre poids, au contraire…, et comme chaque année, l'angoisse de devoir vous priver de bons petits plats revient.

Pourtant, en tant que professionnelle de la nutrition, je vous le dis : il existe des hordes de recettes qui peuvent sans problème être adaptées à la perte de poids. Car réussir à maigrir et stabiliser son poids sans avoir le sentiment de se priver, c'est possible… à condition que les menus restent variés, que les plats aient du goût et que le plaisir reste dans l'assiette. Comment ? En variant les aliments, en les associant à volonté avec des herbes des épices et surtout en n'excluant aucun nutriment. Donc en cuisinant. Que je vous rassure tout de suite, il ne s'agit pas d'être un grand chef cuisinier pour y parvenir, mais seulement de suivre les recettes qui suivent, simples, variées, rapides et qui vous donneront des idées pour équilibrer votre alimentation.

L'équilibre justement… Il est la base de tout régime réussi et surtout de toute stabilisation de poids durable. Protéines, sucres lents, matières grasses, rien ne doit être supprimé. C'est pour cela que vous trouverez un peu de matière grasse dans la plupart de mes recettes. Ne cherchez pas à les supprimer, vous supprimeriez en même temps les acides gras essentiels dont votre corps a tellement besoin. Ne cherchez pas non plus à supprimer les sucres lents : ils vous aideront à perdre du poids sans avoir la sensation de faim entre les repas. Il faut donc en consommer chaque matin et à chaque déjeuner.

Mais alors, qu'est-ce qui va changer, me direz-vous… ? Eh bien, les fibres ! À chaque repas et en quantité suffisante. Dans mes consultations, je conseille toujours un apport de crudités ET de légumes cuits à chaque repas. Ainsi, vous prendrez dès le début de chaque repas des aliments peu denses d'un point de vue énergétique et qui vous éviteront de craquer sur le dessert puisqu'ils vous aideront à couper votre appétit.

Donc, pour maigrir, contrairement aux idées reçues, il ne s'agit pas de s'affamer, mais bien de manger équilibré. Car en supprimant un nutriment (sucre lent ou matière grasse, généralement), pensez à la suite et à ce qui se passera lorsque vous voudrez les réintroduire dans votre alimentation : votre corps se vengera et « restockera » tout ce qui lui a manqué pendant de nombreuses semaines. Ça y est, vous faites le fameux yo-yo…

Ce qu'il faut éviter de faire pour perdre du poids sans reprendre :

• Grignoter

C'est une évidence, encore faut-il y arriver ! C'est là que l'équilibre alimentaire prend toute sa place.

Structurez vos repas, afin qu'il ne manque rien et surtout ne sautez pas de repas : vous auriez faim à un moment ou à un autre et vous auriez du mal à éviter la fringale qui anéantirait tous les efforts de la journée.

• Craquer sur l'apéritif

S'il est un moment convivial, il reste aussi un moment critique dans les périodes de régime. Pour ne pas succomber à la tentation, évitez d'anticiper en vous privant aux repas précédant l'invitation et prenez une petite collation avant de partir de chez vous… un petit bol de soupe ou quelques tomates cerise vous permettront de refuser les cacahuètes plus sereinement.

• Prendre un goûter

Prônée par de nombreux régimes, la collation n'a rien d'obligatoire chez l'adulte (hormis les femmes enceintes et en cas d'allaitement). Le but étant d'aller puiser dans les réserves, il faut que le corps ait le temps de le faire. En ajoutant une collation entre les repas, le corps va en priorité puiser directement dedans et pendant ce temps, vous ne maigrissez pas.

• Manger trop de fruits

Certes un fruit reste le meilleur des desserts, mais ils restent sucrés. Il faut, bien entendu, en manger régulièrement, mais deux par jour suffisent pour les apports en vitamines.

• Boire de l'alcool

C'est l'ennemi des régimes amaigrissants. L'alcool assure un stockage au niveau des cellules graisseuses. Si vous ne pouvez pas l'éliminer complètement, essayez au moins de le limiter aux seules invitations.

• Manger des sucres rapides

Je vous ai parlé auparavant des sucres lents et de leur intérêt dans la perte de poids. Mais les sucres rapides ? En favorisant une montée rapide de la glycémie, ils seront stockés dans la masse graisseuse.

Donc saccharose, bonbons, confiture, miel, biscuits… seront à éviter au maximum.

• S'interdire tout écart

Le risque est de vous priver outre mesure et de craquer par la suite. La vraie question est la fréquence de vos écarts et leur importance. Mais pensez que l'équilibre se fait sur une semaine. Alors un petit écart le week-end n'anéantira pas forcément tous vos efforts. En revanche, il vous fera du bien au moral.

• Commencer le régime quinze jours avant la plage

Un peu tard, vous ne croyez pas ? La meilleure des pertes de poids étant une perte progressive, passez à l'action suffisamment tôt. Une perte de poids de 2 kg par mois étant raisonnable pour maigrir sans vous priver (et donc sans reprendre), prévoyez le temps qu'il vous faut pour mener à bien votre régime. D'où l'intérêt d'avoir des idées de recettes équilibrées mais savoureuses.

Quelques astuces pour cuisiner sans excès

• Les sauces

Vinaigrette allégée (4 personnes)

2 cuil. à soupe d'huile
2 cuil. à soupe de vinaigre
1 cuil. à café de moutarde
2 cuil. à soupe d'eau
sel, poivres, aromates

Variez les huiles (olive, noix, colza, pépins de raisin) afin d'avoir un apport varié en acides gras essentiels. Variez également les vinaigres : de vin, de cidre, de framboise, balsamique… ou le remplacer par du citron afin d'égayer vos salades.

Pour alléger vos sauces de salade, pensez également à remplacer de temps en temps l'huile par un yaourt ou un fromage blanc à 0 % de MG.

• Les cuissons

Favorisez les cuissons sans matières grasses : en papillotes, à la vapeur, au court-bouillon, au four, à l'étouffée… pour un minimum d'apport en matières grasses. Pensez également à utiliser des poêles à revêtement antiadhésif permettant une cuisson des viandes sans ajout. Vous pourrez ainsi conserver la cuillerée d'huile d'olive pour faire sauter vos légumes et ainsi leur donner plus de goût… Plaisir des papilles oblige !

Vous pouvez également utiliser un papier absorbant afin de graisser votre poêle et éviter que l'aliment n'accroche.

Dans tous les cas, ne laissez pas surchauffer votre matière grasse et favorisez son utilisation à crue afin de préserver au maximum les acides gras.

• L'agar-agar

Cette algue, connue depuis longtemps par les Japonais et utilisée comme détoxifiant, est peu calorique, riche en minéraux et son effet gélifiant permet non seulement de limiter la sensation de faim mais également de préparer un grand nombre de préparations culinaires : gelées de fruits, flans, mousses…

Présentée sous forme d'une poudre blanche, vous la trouverez dans les magasins et rayons diététiques. Attention cependant, son effet gélifiant ne permet pas de remplacer systématiquement la gélatine alimentaire. En effet, l'agar-agar doit être porté à ébullition pour pouvoir se gélifier (alors que la gélatine n'a pas besoin de cuisson). Par contre, en respectant les proportions de 2 g d'agar-agar pour 50 cl de liquide, les recettes sont faciles à réaliser. L'incursion de quelques fruits en morceaux dans votre gelée vous permettra de confectionner d'étonnants desserts.

Et pourquoi ne pas en consommer quotidiennement dès le début de votre régime afin de limiter les fringales ? En gonflant dans l'estomac, l'agar-agar procure un effet coupe-faim naturel…

• Le son d'avoine

Encore un allier des régimes. Le son d'avoine est un aliment particulièrement riche en fibres solubles qui a donc la capacité de se gorger de liquide (un peu comme une éponge), de former ainsi un gel non absorbable par la muqueuse intestinale et d'entraîner avec lui les graisses et les sucres, ennemis de votre perte de poids. À raison d'une à deux cuillerées à soupe par jour à répartir sur les salades ou dans les yaourts, le son d'avoine peut donc vous aider dans votre perte de poids. Attention cependant, le son d'avoine n'est pas totalement innocent : s'il diminue l'absorption des graisses et des sucres, il entraîne avec lui également un certain nombre de minéraux et de vitamines, n'est pas toujours très bien toléré et est donc à utiliser avec précaution pour éviter certaines carences. Encore une fois, si votre régime est équilibré et apporte peu de matières grasses (juste le nécessaire à votre équilibre), le son d'avoine peut éventuellement vous aider en début de régime afin de « faire décoller » le poids (ce qui sera toujours motivant), mais reste à utiliser avec prudence.

Dans la lignée du son d'avoine, les flocons d'avoines permettent aussi certaines préparations intéressantes.

Voici une recette qui vous servira tout au long du livre.

• Pâte à tarte diététique

150 g de farine complète
70 g de flocons d'avoine
3 cuil. à soupe d'huile d'olive
4 pincées de sel

Préparez la pâte : mélangez la farine, les flocons d'avoine et le sel. Ajoutez l'huile d'olive et mélangez bien du bout des doigts. Progressivement, ajoutez 5 cl d'eau tout en pétrissant, jusqu'à former une boule. Laissez reposer cette pâte pendant 1 heure puis abaissez-la dans un moule garni d'une feuille de papier sulfurisé et légèrement beurré. Garnissez comme vous le souhaitez.

Utilisez cette pâte pour confectionner vos tartes préférées… sans matière grasse, elle vous évitera l'utilisation des pâtes à tarte classiques, trop riches en matière grasse. Et son petit goût se mariera avec tous les légumes.

Voici donc un petit livre afin de vous donner plein d'idées savoureuses pour maigrir en toute sérénité… À vous de jouer !

En complément de cet ouvrage.

Menu type pour perdre du poids sereinement

Petit-déjeuner	1 boisson chaude Pain ou céréales Beurre allégé 1 fruit ou jus de fruits (15 cl) 1 laitage
Déjeuner	Entrée crudités Plat protéiné + Légumes cuits Pain ou féculents Laitage Fruit
Dîner	Entrée crudités Plat protéiné Légumes cuits Laitage

Comment lire ce livre ?

Vous trouverez devant chaque recette du livre un picto : en voici la signification.

« Starter »

Recettes moins caloriques à utiliser au début de la perte du poids pour aider à faire « décoller » le poids. Également en cas de « palier » pour perdre les derniers kilos difficiles.

« Croisière »

Vous vous sentirez mieux, vous pouvez suivre le régime plus sereinement, de façon moins draconienne.

« Week-end »

Recettes diététiques mais plus élaborées, à faire pour recevoir sans gâcher votre perte de poids.

DES LÉGUMES POUR S'AMUSER

•

AUBERGINES ET COURGETTES FONDANTES

75 calories/pers.

4 pers. **Préparation : 20 min** **Cuisson : 25 min**

300 g d'aubergine • 300 g de courgettes • 200 g de coulis de tomates • 1 oignon • 2 gousses d'ail • 1 cuil. à soupe d'huile d'olive • origan • sel, poivre

Réalisation

Lavez, pelez puis coupez en rondelles les courgettes et l'aubergine. Faites fondre les rondelles d'aubergine à feu doux à la poêle avec l'huile d'olive. Réservez. Pelez et émincez l'oignon, faites-le revenir seul dans la poêle.

Dans un plat allant au four, superposez une couche d'aubergine, puis une couche de courgettes. Ajoutez les oignons puis le coulis de tomates et répartissez dessus l'ail écrasé. Recouvrez de nouveau d'une couche d'aubergine puis des courgettes. Salez, poivrez puis ajoutez de l'origan et l'huile d'olive. Placez au four pour 25 minutes et servez aussitôt.

Notre conseil : pensez à vous remettre au sport… en salle ou en plein air, trouvez celui qui vous convient afin de réussir à le pratiquer régulièrement. Et pourquoi pas vous motiver en y allant un jour fixe avec un(e) ami(e) ou collègue de travail ?

BRICKS DE BROCOLIS

196 calories/pers.

4 pers. **Préparation : 20 min** **Cuisson : 25 min**

400 g de brocoli en fleurettes • 200 g de dés de jambon • 400 g de coulis de tomates • 8 feuilles de brick • 1 cuil. à soupe d'huile d'olive • 1 cuil. à soupe de vinaigre balsamique • 2 jaunes d'œufs • cumin en poudre • sel, poivre

Réalisation

Faites cuire les fleurettes de brocoli à la vapeur. Égouttez-les puis passez-les quelques instants dans une poêle à revêtement antiadhésif avec l'huile d'olive. Ajoutez le coulis de tomates, le cumin et le vinaigre balsamique. Salez, poivrez puis laissez mijoter pendant 10 minutes à feu doux.

Répartissez la préparation dans les huit feuilles de brick, repliez les bords afin de les fermer puis badigeonnez-les de jaune d'œuf à l'aide d'un pinceau. Juste avant de servir, passez les bricks à la poêle afin de les faire dorer.

BRICKS DE LÉGUMES DE PRINTEMPS

115 calories/pers.

4 pers. Préparation : 10 min Cuisson : 20 min

200 g de carottes jeunes • 100 g d'oignons nouveaux • 200 g de courgettes • 200 g de pousses d'épinards • 1 cuil. à soupe d'huile d'olive • 200 g de fromage blanc à 0 % de MG • 1 cuil. à soupe de baies roses • 8 feuilles de bricks • sel, poivre

Réalisation

Lavez et parez les légumes en les coupant en julienne. Faites-les cuire à feu doux pendant 15 minutes dans un faitout en couvrant.

Laissez-les refroidir, mélangez-les avec le fromage blanc, salez et poivrez, ajoutez les baies roses et répartissez-les sur les feuilles de brick. Fermez les feuilles de brick et passez-les rapidement à la poêle de chaque côté avec l'huile d'olive. Servez.

BROCHETTES DE LÉGUMES

53 calories/pers.

4 pers. Préparation : 20 min Cuisson : 10 min

200 g de champignons de Paris • 2 tomates grappe • 200 g de courgettes • 200 g de fenouil • 2 cuil. à café d'huile d'olive • origan • sel, poivre

Réalisation

Préchauffez votre four sur position gril. Lavez les légumes, coupez les tomates, les champignons et les courgettes en quartiers, le fenouil en petits cubes. Montez les brochettes en alternant les légumes puis passez-les dans une assiette avec l'huile d'olive. Salez, poivrez et parsemez d'origan.

Passez les brochettes au gril environ 10 à 15 minutes jusqu'à ce qu'elles commencent à dorer. Servez.

CLAFOUTIS AUX POIVRONS

115 calories/pers.

4 pers. Préparation : 15 min Cuisson : 40 min

300 g de poivrons rouges • 200 g de fromage blanc à 0 % de MG • 15 cl de lait demi-écrémé • 2 œufs • 20 g de farine • origan • sel, poivre

Réalisation

Préchauffez votre four à 210 °C (th. 7).

Lavez et coupez les poivrons en deux, retirez-en les pépins puis passez-les au four pendant 10 à 15 minutes. À la sortie du four, placez-les dans un récipient et couvrez-les d'un film plastique, laissez-les refroidir ainsi puis retirez la peau qui doit se décoller facilement. Coupez-les en petits cubes.

Battez les œufs avec le fromage blanc, ajoutez la farine puis le lait et battez quelques minutes. Salez, poivrez, ajoutez de l'origan. Déposez les poivrons dans un plat à gratin, versez le mélange aux œufs dessus.

Placez au four et laissez cuire 25 à 30 minutes. La pointe du couteau, enfoncée dans le gratin, doit ressortir sèche. Servez accompagné d'une salade de mesclun.

Notre conseil : buvez régulièrement ! Si l'eau ne fait pas maigrir, elle aide à drainer et à éliminer les toxines… et en période de perte de poids, le corps libère davantage de toxines ! 1,5 litre par jour est le minimum, mais n'hésitez pas à augmenter cette quantité en cas de fortes chaleurs, si vous travaillez dans des bureaux climatisés, en cas d'activité physique ou de voyage.

FENOUIL AU VIN BLANC

59 calories/pers.

4 pers. **Préparation : 15 min** **Cuisson : 45 min**

800 g de fenouils • 70 g de concentré de tomates • 20 cl de vin blanc sec • 2 gousses d'ail • 1 cuil. à soupe d'huile d'olive • 15 cl de bouillon de volaille • 2 cuil. à café graines de coriandre • sel, poivre

Réalisation

Lavez et parez les fenouils, retirez les parties abîmées si nécessaire, coupez-les en quatre. Déposez-les dans un faitout, ajoutez le concentré de tomates, l'huile d'olive, l'ail écrasé, le vin blanc, la coriandre et le bouillon de volaille.

Salez, poivrez, couvrez et laissez mijoter 45 minutes à feu doux. Dressez dans un plat et servez.

Notre conseil : si vous n'appréciez pas le fenouil, vous pouvez le remplacer pas des blancs de poireau ou des endives.

FLAN AUX LÉGUMES

154 calories/pers.

4 pers. **Préparation : 20 min** **Cuisson : 50 min**

150 g de carottes • 100 g de petits pois • 150 g de haricots verts • 100 g de poivron rouge • 100 g d'oignon doux • 10 cl de vin blanc sec • 4 œufs • 200 g de fromage blanc à 0 % de MG • 10 cl de lait mi-écrémé • 1 bouquet d'aneth • 1 bouquet garni • sel, poivre

Réalisation

Préchauffez votre four à 180 °C (th. 6).

Lavez et parez les légumes, coupez-les en petits morceaux. Faites-les cuire dans une casserole d'eau bouillante avec le bouquet garni et le vin blanc pendant 15 à 20 minutes. Égouttez-les et disposez-les dans un plat à gratin.

Battez les œufs avec le fromage blanc et le lait, salez, poivrez et ajoutez l'aneth ciselé.
Versez le mélange sur les légumes et placez le plat au four pour 30 minutes. Servez chaud ou froid.

FONDUE DE COURGETTES AU CHÈVRE FRAIS

88 calories/pers.

4 pers. **Préparation : 15 min** **Cuisson : 15 min**

800 g de courgettes • 200 g de chèvre frais • quelques feuilles de menthe ciselée • 1 cuil. à soupe d'huile d'olive • 1 cuil. à café de baies roses • sel, poivre

Réalisation

Lavez les courgettes et coupez-les en petits cubes. Faites-les revenir avec l'huile d'olive et les baies roses à feu doux pendant 15 à 20 minutes.
Dès qu'elles sont fondantes, arrêtez votre feu, ajoutez la menthe ciselée. Mélangez et parsemez de chèvre frais coupé en petit cubes. Servez aussitôt ou laissez refroidir pour le déguster frais

GALETTES DE COURGETTES AUX POIVRONS

134 calories/pers.

4 pers. Préparation : 20 min Cuisson : 20 min

400 g de courgettes • 100 g de poivron rouge • 100 g de poivron jaune • 4 œufs • 200 g de fromage blanc à 0 % de MG • quelques brins d'estragon • origan • 1 cuil. à café d'huile d'olive • sel, poivre

Réalisation

Préchauffez votre four à 210 °C (th. 7).

Lavez, épluchez et coupez les courgettes en petits cubes (de 1 cm de côté). Lavez les poivrons, coupez les pédoncules et retirez les pépins, coupez-les en petits dés.

Dans une poêle à revêtement antiadhésif, faites fondre à feu très doux les courgettes et les poivrons en remuant régulièrement pendant 10 minutes. Essuyez-les dans du papier absorbant.

Battez les œufs avec le fromage blanc, ajoutez l'estragon, l'origan, salez et poivrez. Mélangez les légumes avec les œufs battus et versez la préparation dans huit ramequins garnis d'un cercle de papier sulfurisé.

Faites cuire les ramequins au four pendant 10 minutes. Dès que les œufs ont pris, démoulez-les puis faites-les revenir 2 minutes de chaque côté dans une poêle avec l'huile d'olive. Servez immédiatement.

GASPACHO

126 calories/pers.

4 pers. **Préparation : 15 min** **Réfrigération : 2 h**

800 g de pulpe de tomate appertisée • 150 g de concombre + 50 g pour la garniture • 100 g d'oignon doux + 50 g pour la garniture • 150 g de poivron rouge + 50 g pour la garniture • 2 gousses d'ail • 60 g de mie de pain au levain • 2 cuil. à soupe de vinaigre balsamique • quelques gouttes de Tabasco • 6 tomates cerise • 1 cuil. à café d'huile d'olive • 1 citron • 1 pincée de sel

Réalisation

Lavez et parez le concombre, le poivron et l'oignon, coupez-les grossièrement. Passez-les au mixeur avec les tomates, la mie de pain, le vinaigre et l'ail écrasé. Dès que le mélange est bien lisse, passez-le au tamis, ajoutez le Tabasco à votre convenance et salez si nécessaire. Placez le gaspacho au frais pendant au moins 2 heures.

Pour la garniture, coupez en petits dés le concombre, l'oignon, le poivron. Lavez les tomates cerise et coupez-les en quatre. Mélangez le tout dans un bol, ajoutez l'huile d'olive, le jus de citron, salez et poivrez et mélangez bien. Laissez le tout mariner jusqu'au service.
Au moment de servir, versez le gaspacho dans quatre assiettes creuses. Égouttez la garniture et déposez-la au centre de chaque assiette, sur le gaspacho. Servez très frais.

GRATIN DE COURGETTES ET TOMATES

157 calories/pers.

4 pers. **Préparation : 15** **Cuisson : 30 min**

600 g de courgettes • 200 g de tomates moyennes • 60 g de gruyère râpé • 2 œufs • 200 g de fromage blanc à 0 % de MG • 10 cl de lait demi-écrémé • quelques feuilles de basilic ciselées • sel

Réalisation

Préchauffez votre four à 200 °C (th. 6-7). Lavez et coupez les courgettes et les tomates en fines rondelles. Disposez-les en trois lignes côte à côte dans un plat à gratin. Recouvrez de gruyère râpé et parsemez-les de basilic.

Préparez l'appareil à flan en battant les œufs avec le fromage blanc et le lait. Salez et versez cette préparation dans le plat et enfournez. Laissez cuire 30 minutes environ.

LASAGNES AUX LÉGUMES

357 calories/pers.

4 pers. **Préparation : 25 min** **Cuisson : 40 min**

12 feuilles de lasagnes • 400 g de courgettes • 400 g de tomates concassées • 70 g de concentré de tomates • 2 gousses d'ail • 100 g d'oignon doux • 2 cuil. à soupe de vinaigre balsamique • 1 cuil. à soupe d'huile d'olive • 80 g de gruyère râpé • basilic • sel, poivre

Réalisation

Préchauffez votre four à 180 °C (th. 6). Lavez les courgettes, retirez les pédoncules et coupez-les en fines rondelles. Dans une poêle, faites revenir l'oignon émincé avec l'huile d'olive, ajoutez les courgettes, puis les tomates concassées, le concentré et l'ail écrasé.

Versez le vinaigre balsamique, un peu de basilic ciselé, salez, poivrez et laissez mijoter 10 minutes.
Dans un plat à gratin, superposez une couche de légumes puis une couche de feuilles de lasagnes, recommencez puis terminez par une couche de légumes. Parsemez de gruyère râpé et laissez cuire au four pendant 20 à 30 minutes. Servez.

LÉGUMES À L'ITALIENNE

126 calories/pers.

4 pers. **Préparation : 10 min** **Cuisson : 35 min**

2 poivrons verts • 2 poivrons rouges • 1 poivron jaune • 500 g de tomates grappe • 2 oignons doux • 2 cuil. à soupe d'huile d'olive • 1 cuil. à soupe de vinaigre balsamique • 20 cl de vin blanc sec • quelques branches d'estragon • sel, poivre

Réalisation

Épluchez et ciselez les oignons. Lavez, coupez les poivrons en deux et retirez les pépins. Coupez-les en fines lamelles. Faites revenir dans un faitout les poivrons et les oignons avec l'huile d'olive pendant 10 à 15 minutes en remuant régulièrement.

Lavez et coupez les tomates en quartiers fins et ajoutez-les dans le faitout. Salez, poivrez, versez le vin et le vinaigre balsamique et ajoutez l'estragon ciselé. Couvrez et laissez mijoter à feu doux pendant 20 minutes. Servez chaud ou froid.

Notre conseil : n'hésitez pas à varier ou à mélanger les herbes aromatiques et les épices. Variez ainsi vos plats de légumes et de viandes. Et pensez toujours que d'être au régime ne veut pas dire bannir le goût ! Au contraire, plus vos plats auront du goût, moins vous vous sentirez privé ! Alors arrêtez les légumes à la vapeur sans goût et cuisinez-les !

LÉGUMES À LA MAROCAINE

101 calories/pers.

4 pers. **Préparation : 20 min** **Cuisson : 30 min**

300 g de courgettes • 200 g de carottes jeunes • 100 g de céleri (tige) • 200 g de navets • 3 cuil. à soupe de raisins de Corinthe • 1 cuil. à soupe d'huile d'olive • 1 cuil. à café de graines de coriandre • sel, poivre

Réalisation

Lavez et épluchez les carottes et les navets. Coupez-les en petits cubes.
Lavez le céleri et taillez-le en tronçons. Lavez et coupez les courgettes en rondelles.
Faites cuire les légumes tous ensemble à la vapeur pendant 10 minutes (ou faites-les blanchir dans de l'eau bouillante, sans les courgettes, pendant 5 minutes).
Passez-les dans une poêle à revêtement antiadhésif avec l'huile d'olive, ajoutez les raisins, la coriandre, salez et poivrez. Couvrez et laissez mijoter pendant 20 minutes à feu doux.

Notre conseil : pensez à accompagner ces légumes de quelques morceaux de poulet et d'un peu de semoule. Un plat complet, équilibré et qui plaira à tout le monde.

PETITS FLANS AUX COURGETTES

173 calories/pers.

4 pers. Préparation : 20 min Cuisson : 20 min

250 g de courgettes • 3 oignons nouveaux • 1 cuil. à café d'huile d'olive • quelques brins d'aneth • 3 œufs • 200 g de fromage blanc • 1 cuil. à soupe de crème à 15 % de MG • 15 cl de lait • 1 noix de beurre pour les moules • sel, poivre

Réalisation

Préchauffez votre four à 180 °C (th. 6). Lavez et retirez les pédoncules des courgettes, coupez-les en petits cubes, faites les blanchir 5 minutes dans de l'eau bouillante salée. Égouttez-les. Lavez et hachez les oignons nouveaux, faites-les dorer légèrement dans une poêle avec l'huile d'olive. Mélangez les dés de courgette, les oignons et l'aneth. Préparez l'appareil en battant les œufs entiers avec le fromage blanc, la crème et le lait. Salez et poivrez.

Dans des ramequins individuels légèrement beurrés, déposez un rond de papier sulfurisé. Versez sur chacun d'eux un peu de l'appareil à flan, ajoutez le mélange courgettes-oignons, et terminez de remplir avec le reste de l'appareil. Enfournez les flans et laissez-les cuire pendant 20 minutes (la pointe d'un couteau enfoncée dans le flan doit ressortir sèche). Servez chaud ou tiède.

PIPERADE

89 calories/pers.

4 pers. Préparation : 15 min Cuisson : 25 min

400 g de tomates fraîches • 2 poivrons verts • 1 poivron rouge • 1 poivron jaune • 3 oignons nouveaux • 1 cuil. à soupe d'huile d'olive • piment d'Espelette • sel, poivre

Réalisation

Lavez et coupez finement les oignons nouveaux. Lavez et coupez les poivrons, retirez les pépins et les pédoncules, taillez-les en fines lanières. Lavez et coupez les tomates en petits dés.

Dans une poêle, faites revenir les oignons et les poivrons. Dès qu'ils commencent à se ramollir, ajoutez les dés de tomate puis couvrez. Laissez mijoter pendant 20 à 25 minutes à feu doux. Salez, poivrez et ajoutez deux pincées de piment d'Espelette. Servez frais.

SALADE DE CAROTTES À LA MAROCAINE

84 calories/pers.

4 pers. **Préparation : 15 min** **Cuisson : 15 min**

500 g de carottes jeunes • 2 gousses d'ail • ½ bouquet de coriandre • 3 cuil. à soupe de cumin en poudre • 2 cuil. à soupe d'huile d'olive • sel, poivre

Réalisation

Lavez et épluchez les carottes, coupez-les en rondelles très fines puis faites-les cuire à la vapeur pendant 15 à 20 minutes (elles doivent rester fermes). Ajoutez l'ail écrasé et laissez-les refroidir.

Dans un saladier, mélanger l'huile d'olive, la coriandre hachée, le cumin, du sel et du poivre. Ajoutez les carottes et mélangez bien. Servez.

Notre conseil : vous pouvez tout aussi bien préparer cette salade avec des carottes râpées crues…

SALADE DE LÉGUMES GRILLÉS

122 calories/pers.

4 pers. Préparation : 25 min Cuisson : 15 min

1 aubergine • 1 poivron rouge • 1 poivron vert • 1 courgette • 2 sucrines • 6 oignons nouveaux • 2 cuil. à soupe d'huile d'olive • 2 cuil. à soupe de vinaigre balsamique • 1 cuil. à café de confiture d'oignons • sel

Réalisation

Préchauffez votre four à 200 °C (th. 6-7). Lavez les poivrons, coupez-les en deux dans la longueur, retirez les queues et les pépins. Lavez l'aubergine et la courgette, coupez-les en tranches d'environ 5 mm d'épaisseur.

Placez les légumes au four sur une grille pour 10 minutes, puis au gril pendant 3 minutes. Laissez-les refroidir puis retirez les peaux des poivrons. Recoupez les légumes pour former des carrés d'environ 4 cm. Lavez et émincez les oignons, lavez les sucrines, coupez-les en huit.

Mettez les oignons, les sucrines et les légumes grillés encore tièdes dans un saladier. Préparez la sauce en mélangeant le vinaigre, l'huile et la confiture, salez et versez sur la salade. Servez.

SAUTÉ FRAÎCHEUR ROUGE, VERTE ET JAUNE

51 calories/pers.

4 pers. **Préparation : 10 min** **Cuisson : 20 min**

400 g de tomates olivettes • 200 g de tomates cerise jaunes • 200 g de haricots verts • 2 oignons nouveaux • 1 citron • quelques brins de basilic frais • sel, poivre

Réalisation

Faites cuire les haricots verts à l'eau bouillante pendant 10 minutes. Égouttez-les.

Lavez les tomates, coupez les olivettes en cubes et retirez les pépins, coupez les tomates cerise en deux. Lavez et coupez finement les oignons.

Faites cuire à feu doux les tomates, ajoutez les oignons, le jus du citron puis les haricots verts. Ciselez dessus le basilic, salez, poivrez et présentez dans un plat de service.

TIAN AUX LÉGUMES DU SOLEIL

124 calories/pers.

4 pers. **Préparation : 25 min** **Cuisson : 1 h 40 min**

3 oignons blancs • 1 poivron rouge • 1 poivron jaune • 2 courgettes • 4 tomates olivettes • 200 g de tomates confites à l'huile d'olive • 1 cuil. à café de coriandre ciselée • 1 cuil. à café de basilic ciselé • 1 pincée de sel

Réalisation

Épluchez les oignons, ciselez-les. Faites-les revenir à feu doux avec l'huile d'olive des tomates (1 cuil. à soupe) pendant 10 minutes. Lavez les poivrons, épépinez-les et coupez-les en lamelles. Lavez puis coupez les tomates et les courgettes en fines lamelles. Préchauffez le four à 140 °C (th. 4-5).

Dans un plat rond allant au four, déposez la fondue d'oignons, recouvrez-la avec les poivrons puis des tomates confites. Déposez en rosace les rondelles de courgette et de tomate. Saupoudrez avec le basilic et la coriandre, salez puis versez deux cuillerées à soupe de l'huile des tomates confites.

Placez au four pendant pour 1 heure 30 minutes en arrosant régulièrement avec le jus de cuisson.

Notre conseil : voici un plat qui se déguste aussi bien chaud que froid, un plein de saveurs pour accompagner grillades de viandes ou de poissons.

TOMATES À LA PROVENÇALE

75 calories/pers.

4 pers. **Préparation : 10 min** **Cuisson : 15 min**

6 tomates olives • 2 gousses d'ail • 2 cuil. à soupe d'huile d'olive • 2 cuil. à café de basilic ciselé • 20 g de chapelure

Réalisation

Préchauffez votre four à 180 °C (th. 6). Lavez et coupez les tomates olives en deux dans la longueur. Mélangez l'ail écrasé avec le basilic et la chapelure. Répartissez ce mélange sur les demi-tomates et versez un peu d'huile d'olive sur chaque tomate.

Placez au four chaud pour 15 minutes. Servez.

VELOUTÉ FROID DE COURGETTES À LA MENTHE

46 calories/pers.

4 pers. **Prép. : 10 min** **Réfrigération : 1 h** **Cuisson : 10 min**

500 g de courgettes • 50 cl de bouillon de légumes • 1 gousse d'ail • 20 feuilles de menthe • 200 g de fromage blanc à 0 % de MG • gros sel, poivre

Réalisation

Lavez les courgettes, retirez les pédoncules et coupez-les en cubes. Dans une grande casserole d'eau bouillante salée, faites-les blanchir pendant 10 minutes puis égouttez-les. Mixez-les avec le bouillon de légumes, la menthe ciselée, le fromage blanc et l'ail écrasé.

Versez le velouté dans une soupière (ou répartissez-le dans des verrines) et placez-le au réfrigérateur pour 1 heure au minimum en couvrant. Servez très frais.

Notre conseil : voilà une entrée extrêmement simple à préparer et vraiment rafraîchissante pour des journées de forte chaleur.

WOK DE COURGETTES ET CAROTTES

76 calories/pers.

4 pers. Préparation : 15 min Cuisson : 10 à 15 min

400 g de courgettes • 300 g de carottes jeunes • 6 oignons nouveaux • 1 gousse d'ail • estragon ciselé • 1 cuil. à soupe d'huile d'olive • sel, poivre

Réalisation

Lavez et coupez les courgettes (sans les éplucher) en très petits dés. Lavez et coupez finement les oignons. Épluchez et taillez les carottes en fines lanières à l'aide d'un couteau économe.

Dans un wok (ou une poêle creuse), faites revenir les oignons avec l'huile, ajoutez les courgettes, les lanières de carotte, l'ail écrasé et l'estragon.

Faites sauter à feu vif pendant 5 minutes. Baissez le feu, couvrez et pousuivez la cuisson 5 à 10 minutes, les légumes doivent rester légèrement croquants. Servez rapidement.

WOK DE HARICOTS VERTS AUX ASPERGES ET TOMATES CONFITES

73 calories/pers.

4 pers. **Préparation : 15 min** **Cuisson : 25 min**

300 g de haricots verts • 200 g de pointes d'asperges vertes • 100 g de tomates confites • 1 cuil. à soupe d'huile d'olive • 1 cuil. à café de baies roses • sel, poivre

Réalisation

Équeutez les haricots verts, plongez-les dans une grande casserole d'eau bouillante salée et laissez-les cuire pendant 10 minutes. Égouttez les pointes d'asperges.

Dans un wok, faites revenir les haricots verts avec l'huile d'olive, les asperges et les tomates pendant 5 minutes. Salez, poivrez et ajoutez les baies roses. Laissez cuire à feu moyen pendant 5 à 10 minutes en remuant délicatement pour ne pas casser les pointes d'asperges. Servez aussitôt.

•

AGNEAU AUX AUBERGINES

287 calories/pers.

4 pers. **Préparation : 20 min** **Cuisson : 20 min**

500 g de filet d'agneau • 300 g d'aubergine • 400 g de pulpe de tomates • 1 cuil. à soupe d'huile d'olive • 4 oignons nouveaux • 1 gousse d'ail • 1 cuil. à café de cannelle • 1 cuil. à café de cumin • sel, poivre

Réalisation

Lavez et épluchez l'aubergine, coupez-la en petits cubes. Épluchez et émincez les oignons. Faites dorer les morceaux d'agneau à la poêle, sans matière grasse. Ajoutez les dés d'aubergine et les oignons, l'huile d'olive, laissez dorer puis réservez.

Dans la même poêle, faites mijoter pendant 10 minutes la pulpe de tomates, la cannelle et le cumin. Salez et poivrez.

Dressez dans les assiettes l'agneau avec les aubergines, versez dessus les tomates et servez.

Notre conseil : n'hésitez pas à remplacer l'agneau par du poisson blanc, type cabillaud.

AGNEAU AUX CHAMPIGNONS NOIRS

420 calories/pers.

4 pers. **Prép. : 15 min** **Marinade : 1 h** **Cuisson : 15 min**

500 g de filet d'agneau • 200 g de vermicelles chinois • 2 poignées de champignons noirs • 3 cuil. à soupe de sauce de soja • 1 cuil. à soupe d'huile d'olive • 1 cuil. à café de gingembre frais hâché • sel, poivre

Réalisation

Coupez l'agneau en lanières. Faites-le mariner pendant 1 heure environ dans la sauce de soja et le gingembre frais.

Pendant ce temps, réhydratez les champignons noirs dans un bol avec de l'eau. Faites chauffer les vermicelles dans de l'eau bouillante, égouttez-les.

Dans une sauteuse (ou wok), poêlez l'agneau avec l'huile d'olive (conservez la sauce de soja), ajoutez les champignons noirs, les vermicelles, arrosez de sauce de soja, salez et poivrez si nécessaire et laissez mijoter pendant 5 minutes. Servez aussitôt

BLANQUETTE DE VEAU

413 calories/pers.

4 pers. **Préparation : 25 min** **Cuisson : 55 min**

600 g d'épaule de veau • 200 g de carottes • 200 g de champignons • 100 g d'oignon doux • 200 g de navets • 1 jaune d'œuf • 100 g de fromage blanc à 0 % de MG • bouquet garni • 10 cl de vin blanc sec • sel, poivre

Réalisation

Coupez l'épaule de veau en morceaux. Lavez et épluchez les carottes et les navets, coupez-les en dés. Épluchez et émincez l'oignon. Dans un faitout, mettez les morceaux de veau, les carottes, les navets et l'oignon. Salez, poivrez, ajoutez le vin blanc et le bouquet garni. Laissez mijoter pendant 40 minutes à feu doux.

Lavez sous l'eau courante les champignons, émincez-les et ajoutez-les au faitout avec la viande. Prolongez la cuisson pendant 10 minutes.

Retirez les morceaux de viande et les légumes à l'aide d'une écumoire, passez le bouillon dans un tamis. Mixez les carottes, les navets et les oignons avec le bouillon et le fromage blanc. Ajoutez les champignons en lamelles et passez la sauce à feu doux pendant 5 minutes, nappez la viande avec cette sauce. Servez aussitôt.

BŒUF AUX AUBERGINES

304 calories/pers.

4 pers. **Préparation : 20 min** **Cuisson : 45 min**

500 g de hampe de bœuf • 1 belle aubergine • 400 g de tomates concassées • 1 cuil. à café de cumin • 1 cuil. à café de cannelle • ½ cuil. à café d'épices à couscous • 1 cuil. à café d'huile d'olive • 2 branches de coriandre fraîche • sel, poivre

Réalisation

Découpez la viande en petites lamelles d'environ 3 à 4 cm. Faites-la revenir légèrement avec l'huile d'olive puis ajoutez les tomates concassées, les épices à couscous, le cumin et la cannelle. Salez, poivrez, couvrez et laissez cuire à petits bouillons.
Pendant ce temps, lavez et coupez l'aubergine en petits dés, ajoutez-la au mélange bœuf-tomate et laissez cuire le tout 15 minutes à feu doux en couvrant.
Présentez dans un plat, décorez avec la coriandre et servez aussitôt.

BŒUF AUX POIREAUX

342 calories/pers.

4 pers. Préparation : 15 min Cuisson : 1 h

600 g de bœuf à braiser • 500 g de poireaux • 25 cl de vin blanc sec • 70 g concentré de tomates • 1 cuil. à café d'huile d'olive • 2 gousses d'ail • 1 cuil. à café de coriandre en graines • 1 cuil. à café de baies roses • sel, poivre

Réalisation

Dans un faitout, faites revenir la viande à feu moyen avec l'huile d'olive. Lavez et taillez les poireaux en petits morceaux, ajoutez-les à la viande avec le concentré de tomates, la coriandre, les baies roses et l'ail écrasé. Versez le vin blanc, salez, poivrez, remuez bien puis couvrez le tout. Laissez cuire à feu doux pendant 1 heure en remuant à mi-cuisson. Servez.

BOULETTES DE BŒUF FAÇON CHOUCHOUKA

326 calories/pers.

4 pers. Préparation : 25 min Cuisson : 1 h 10 min

400 g de steak haché à 5 % de MG • 4 œufs extra frais • 2 poivrons rouges • 2 poivrons verts • 1 poivron jaune • 3 gousses d'ail • 2 oignons • 500 g de tomates olivettes • 1 cuil. à soupe d'huile d'olive • 1 cuil. à soupe de vinaigre balsamique • sel, mélange de 5 baies • ½ bouquet de coriandre fraîche

Réalisation

Lavez et coupez les tomates en cubes. Lavez et coupez les poivrons en lamelles en prenant soin de retirer les pédoncules et les pépins. Pelez et émincez les oignons. Mettez les oignons, les tomates et les poivrons dans une sauteuse, ajoutez l'huile d'olive, la moitié de la coriandre, l'ail pressé, le vinaigre, du sel et du mélange de 5 baies. Laissez cuire à feu doux pendant 1 heure en couvrant.

Formez des boulettes de la taille d'une noix avec le steak haché mélangé à un peu de coriandre ciselée. Mettez les boulettes à cuire avec les légumes et poursuivez la cuisson 10 minutes à feu doux. Cassez les œufs sur les légumes et laissez-les cuire en couvrant, sans les casser ; le blanc doit être cuit, mais le jaune doit rester coulant. Servez.

Notre conseil : cette petite variante de la chouchouka, allégée en matière grasse, est une bonne idée pour cuisiner les steaks hachés autrement… Traditionnellement, la chouchouka se déguste froide, à vous cependant d'adapter sa température au gré de vos envies et de la saison…

CURRY DE VEAU

313 calories/pers.

4 pers. **Prép. : 15 min** **Marinade : 1 h** **Cuisson : 45 min**

600 g de noix de veau • 200 g d'oignon • 400 g de tomates olive • 70 g concentré de tomate • 2 gousses d'ail • 1 cuil. à soupe d'huile d'olive • 100 g de fromage blanc à 0 % de MG • 2 cuil. à soupe de curry • sel, poivre

Réalisation

Pelez et hachez les oignons au mixeur. Faites-les revenir dans une poêle à feu doux avec l'huile d'olive. Lorsqu'ils commencent à dorer, ajoutez les morceaux de viande pour les faire dorer. Lavez et coupez les

tomates en petits dés. Ajoutez à la viande les dés de tomate, le curry, l'ail écrasé, le concentré de tomates et le fromage blanc, salez et poivrez.
Ajoutez 20 cl d'eau et laissez mijoter pendant 45 minutes à feu doux. Maintenez au chaud jusqu'au service.

DORADE SUR LIT DE TOMATES

161 calories/pers.

4 pers. **Préparation : 15 min** **Cuisson : 30 min**

2 petites dorades • 500 g de tomates grappe • 2 échalotes • feuilles de basilic • 1 cuil. à soupe d'huile d'olive • 10 cl de vin blanc sec • sel, poivre

Réalisation

Préchauffez votre four à 175 °C (th. 5-6). Lavez et coupez les tomates en rondelles, déposez-les dans un plat à gratin en couvrant bien le fond. Épluchez et émincez les échalotes, parsemez-les sur le lit de tomates. Ajoutez l'huile d'olive.
Déposez les dorades, salez, poivrez et versez le vin blanc. Enfournez et laissez cuire 20 à 30 minutes en fonction de la taille des dorades.

ENDIVES BRAISÉES

107 calories/pers.

4 pers. **Préparation : 25 min** **Cuisson : 1 h**

4 endives • 6 oignons nouveaux • 1 jus de citron • 4 belles tranches de jambon découenné • 1 cuil. à café d'huile d'olive • sel, poivre, cumin en grains

Réalisation

Lavez et parez les endives, passez-les à la cuisson vapeur pendant 5 minutes. Lavez et émincez les oignons, Faites-les revenir dans une cocotte à feu doux avec l'huile d'olive. Ajoutez les endives entières, salez, poivrez, ajoutez du cumin et le jus du citron puis couvrez.

Laissez cuire 1 heure à feu doux en évitant de soulever le couvercle. À mi-cuisson, tournez-les, ajoutez le jambon en lanières, recouvrez et laissez cuire le temps restant. Dressez.

Notre conseil : l'endive est l'amie des régimes… elle fait partie des légumes les moins caloriques, très riche en fibres et légèrement diurétique, elle est un atout pour les ventres plats…

FILET DE JULIENNE ET JULIENNE DE LÉGUMES EN PAPILLOTE

166 calories/pers.

4 pers. Préparation : 25 min Cuisson : 15 min

4 filets de julienne • 2 courgettes • ½ poivron rouge • ½ poivron jaune • 1 gousse d'ail • 1 cuil. à soupe d'huile d'olive • 1 citron • 1 pincée de cumin • sel, poivre

Réalisation

Préchauffez votre four à 175 °C (th. 5-6) Lavez et coupez les courgettes et les demi-poivrons en deux, retirez les pépins puis coupez-les en julienne. Faites blanchir les légumes 2 minutes à l'eau bouillante, égouttez-les. Épluchez puis écrasez l'ail, mélangez-le avec l'huile d'olive, le jus de citron et le cumin, salez.

Préparez quatre feuilles de papier sulfurisé, déposez sur chacune d'elle un filet de julienne, puis les légumes, arrosez avez le mélange à l'huile d'olive et fermez les papillotes.

Faites cuire les papillotes au four pendant 15 minutes. Dressez sur des assiettes et servez.

FILET MIGNON ET SES PETITS LÉGUMES

266 calories/pers.

4 pers. Préparation : 15 min Cuisson : 50 min

800 g de filet mignon • 200 g de carottes • 200 g d'oignons doux • 100 g de poivron jaune • 100 g de poivron rouge • 200 g de courgettes • 1 cuil. à soupe d'huile d'olive • cumin en grains • 25 cl de bouillon aux herbes • sel, poivre

Réalisation

Lavez et parez les légumes. Coupez les carottes en tranches fines, les courgettes en dés, les poivrons en lanières. Émincez les oignons. Coupez le filet mignon en quatre gros morceaux.

Faites-le revenir quelques minutes avec l'huile d'olive en tournant les morceaux afin de dorer chaque côté. Ajoutez les oignons et les carottes et faites revenir à feu doux pendant 5 minutes. Ajoutez les courgettes, les poivrons, le bouillon aux herbes, du cumin, salez et poivrez.

Couvrez et laissez cuire à feu très doux pendant 45 minutes en retournant les morceaux de filet à mi-cuisson. Dressez dans des assiettes et servez.

FLAN AU SAUMON ET AUX COURGETTES

272 calories/pers.

4 pers. **Préparation : 20 min** **Cuisson : 30 min**

200 g de saumon frais • 2 petites courgettes • 1 petit oignon • 200 g de fromage blanc à 0 % de MG • 1 cuil. à soupe de crème à 15 % de MG • 2 œufs • 80 g de gruyère râpé • 1 cuil. à café d'aneth • sel, poivre

Réalisation

Lavez et épluchez les courgettes, coupez-les en petits dés, faites les légèrement fondre avec l'oignon émincé dans une poêle à feu doux pendant 10 minutes. Salez. Pendant ce temps faites cuire le saumon dans une grande casserole d'eau pendant 5 minutes. Il doit être encore rosé. Émiettez-le et retirez bien toutes les arêtes. Mélangez le saumon, les dés de courgette, l'oignon et l'aneth. Déposez le mélange dans un plat à gratin.

Battez les œufs avec le fromage blanc, la crème et le gruyère, versez cet appareil sur le mélange saumon-courgettes et placez au four pour 20 à 25 minutes. Dès que le flan est doré, piquez un couteau pour vérifier la cuisson et servez aussitôt.

Notre conseil : vous pouvez remplacer les courgettes par des épinards hachés.

FRITTATA AUX ASPERGES VERTES ET TOMATES CONFITES

185 calories/pers.

4 pers. Préparation : 20 min Cuisson : 30 min

6 œufs • 20 cl de lait demi-écrémé • 1 cuil. à soupe de crème à 15 % de MG • 200 g d'asperges vertes • 100 g de tomates confites • 150 g de tomate fraîche • 1 noix de beurre pour le moule • estragon • sel, poivre

Réalisation

Préchauffez votre four à 175 °C (th. 5-6)

Beurrez le fond d'un moule à gâteau, garnissez-le d'un cercle de papier sulfurisé. Lavez et mondez la tomate, pelez-la, coupez-la en petits cubes en retirant les pépins.

Dans un saladier, battez les œufs avec la crème, les asperges, de l'estragon, les tomates confites et la tomate fraîche, ajoutez le lait. Remuez bien, assaisonnez et versez dans le moule.

Vérifiez que les légumes soient bien répartis dans le moule et placez au four chaud pour 30 minutes. Démoulez la frittata sur un plat et servez chaud ou froid.

Notre conseil : variez votre frittata en changeant les légumes : champignons, épinards, courgettes, poivrons… Un plat d'été simple et léger.

LAPIN AU CIDRE

266 calories/pers.

4 pers. Préparation : 20 min Cuisson : 40 min

4 cuisses de lapin • 200 g de navets • 200 g d'oignons nouveaux • 200 g de carottes jeunes • 1 gousse d'ail • 1 cuil. à soupe d'huile d'olive • 25 cl de cidre brut • cumin en poudre • sel, poivre

Réalisation

Lavez et épluchez les carottes et les navets, coupez les carottes en fines tranches, les navets en julienne. Pelez et émincez les oignons.

Dans un faitout, faites revenir les cuisses de lapin avec l'huile d'olive en les tournant pour les faire dorer de

chaque côté. Réservez-les sur une assiette. Dans le faitout, faites revenir les oignons à feu doux, ajoutez les carottes et les navets, versez le cidre et remettez les cuisses de lapin à cuire.
Ajoutez l'ail écrasé, le cumin, salez, poivrez et laissez mijoter à feu doux pendant 40 minutes sans couvrir. Dressez dans le plat de service et servez.

LÉGUMES FARCIS

215 calories/pers.

4 pers. **Préparation : 25 min** **Cuisson : 25 min**

4 tomates allongées • 2 petites courgettes • 300 g de steak haché à 5 % de MG • 2 tranches de jambon blanc • 1 bel oignon • 3 cuil. à café d'huile d'olive • cumin en grains • sel, poivre

Réalisation

Préchauffez votre four à 210 °C (th. 7).
Lavez et coupez les tomates dans la longueur. Retirez la pulpe (en la conservant pour la farce). Lavez les courgettes, retirez les pédoncules, coupez-les en deux puis de façon longitudinale. Retirez le centre des courgettes à l'aide d'une cuillère à café.

Mixez le jambon et l'oignon, mélangez le steak haché, le jambon, l'oignon, la pulpe de tomate réservée, l'huile d'olive, du cumin, du sel et du poivre pour obtenir une farce homogène.
Garnissez les légumes avec la farce, disposez dans un plat à gratin et laissez cuire 25 minutes.

Notre conseil : ces légumes farcis peuvent être cuisinés à l'avance et surgelés, pensez donc à doubler les quantités puis à en conserver une partie pour en consommer un autre jour…

OMELETTE FARCIE AUX AUBERGINES

241 calories/pers.

2 pers. **Préparation : 20 min** **Cuisson : 45 min**

4 œufs • 5 cl de lait demi-écrémé • 300 g d'aubergine • 1 oignon • 1 cuil. à café d'huile d'olive • 8 feuilles de menthe • sel, poivre

Réalisation

Lavez et épluchez l'aubergine et l'oignon. Émincez l'oignon, faites-le revenir à feu doux avec l'huile d'olive. Coupez l'aubergine en petits cubes, ajoutez les dés

d'aubergine dans la poêle avec l'oignon, laissez réduire à feu doux pour obtenir une compotée.
Battez les œufs en omelette avec le lait, incorporez les feuilles de menthe ciselées, salez et poivrez. Faites cuire l'omelette dans une poêle à revêtement antiadhésif, sans ajout de matière grasse. Garnissez le centre de l'omelette avec la compotée de légumes, pliez l'omelette en deux et servez.

PAIN PITA AUX AUBERGINES ET À L'AGNEAU

669 calories/pers.

4 pers. **Préparation : 15 min** **Cuisson : 15 min**

4 pains pita • 500 g de gigot d'agneau • 4 oignons nouveaux • 1 petite aubergine • 2 cuil. à soupe d'huile d'olive • 100 g de fromage blanc à 0 % de MG • 1 cuil. à café de graines de cumin • 4 branches de coriandre • sel, poivre

Réalisation

Lavez et coupez l'aubergine en fines rondelles, badigeonnez-les avec l'huile d'olive puis faites-les dorer à la poêle à feu moyen pendant 5 à 10 minutes en les retournant à mi-cuisson. Réservez. Émincez les

tranches de gigot en fines lanières, faites revenir dans la poêle sans rajouter de matière grasse. Salez, poivrez. Lavez et émincez les petits oignons.
Faites chauffer les pains pita quelques minutes au gril, ouvrez-les à l'aide d'un couteau et tartinez-les avec un peu de fromage blanc mélangé au cumin. Garnissez-les avec les aubergines, l'agneau, les lanières d'oignons et quelques feuilles de coriandre. Servez accompagné d'une salade verte.

Notre conseil : un plat unique à prendre de temps en temps pour les pressés qui veulent changer du sandwich jambon crudités. Complétez le repas avec une fruit au dessert.

PAPILLOTE DE POULET À LA MEXICAINE

264 calories/pers.

4 pers. **Préparation : 25 min** **Cuisson : 45 min**

4 cuisses de poulet • 1 poivron rouge • 1 poivron jaune • 1 poivron vert • 70 g de concentré de tomates • 2 cuil. à soupe d'huile d'olive • 1 cuil. à café de paprika • 2 pincées de piment de Cayenne • 1 gousse d'ail • sel, poivre

Réalisation

Préchauffez votre four à 210 °C (th. 7).

Lavez les poivrons, coupez-les afin de retirer les pédoncules et les pépins, coupez-les en fines lanières. Retirez la peau des cuisses de poulet et déposez-les ensemble sur une grande feuille de papier aluminium.

Dans un bol, mélangez le concentré de tomate avec l'huile d'olive, le paprika, le piment, l'ail écrasé, du sel et du poivre, puis badigeonnez les cuisses de poulet avec ce mélange. Entourez les cuisses de poulet avec les lanières de poivron, fermez la papillote et déposez-la dans un plat allant au four. Faites cuire pendant 45 minutes.

Au moment de servir, ouvrez la papillote et disposez les cuisses de poulet dans un plat de service.

Notre conseil : tonifiez-vous ! En bougeant certes… mais également en prenant soin de vous. Passez-vous un jet d'eau fraîche à la fin de votre douche. C'est un peu « glaçant » les premières fois, mais cela devient vite agréable de se sentir vivifié. Commencez par les jambes en remontant progressivement, insistez sur le ventre puis remontez jusqu'à la poitrine en dessinant un « 8 ». Sortie de la douche, passez votre crème en massant quelques minutes : tonifiante, anti-cellulite ou tout simplement hydratante.

PAPILLOTES DE VEAU AUX PETITS LÉGUMES

286 calories/pers.

4 pers. Préparation : 25 min Cuisson : 40 min

600 g de fines escalopes de veau • 300 g de carottes nouvelles • 300 g de courgettes • 300 g d'oignons doux • 70 g de concentré de tomates • 10 cl de vin blanc sec • sel, mélange de 5 baies moulues

Réalisation

Préchauffez votre four à 200 °C (th. 6-7)

Lavez et épluchez les carottes, lavez les courgettes. Taillez-les en julienne. Épluchez et émincez finement les oignons.

Faites sauter les légumes tous ensemble dans une poêle à revêtement antiadhésif pendant 10 minutes. Hors du feu, ajoutez le concentré de tomates, versez le vin blanc, salez, ajoutez quelques tours de moulin de 5 baies.

Découpez quatre feuilles de papier sulfurisé, déposez au centre de chacune une escalope, couvrez du

mélange de légumes puis roulez les escalopes sur elles-mêmes, faites tenir avec une pique à cocktail. Entourez chaque roulade ainsi formée avec le restant de légumes. Fermez le papier sulfurisé et placez les papillotes sur un plat.
Placez au four et laissez cuire 30 minutes. Déposez les papillotes sur des assiettes individuelles, ouvrez-les légèrement et servez bien chaud.

Notre conseil : si toutes les eaux sont bonnes pour la santé (l'important étant de boire régulièrement), j'ai une petite préférence pour les eaux riches en magnésium (Hépar, Contrex, Rozana, Badoit, Quézac...). Pour éviter la fatigue et réussir à poursuivre le régime sur la durée, il est important d'avoir un bon apport en magnésium. Hors, les aliments qui en sont riches sont également caloriques et souvent évités au cours des régimes amaigrissants.

PAVÉS DE CABILLAUD AU CITRON ET PETITS LÉGUMES

201 calories/pers.

4 pers. **Préparation : 25 min** **Cuisson : 20 min**

500 g de pavés de cabillaud • 100 g de petits pois extra fins • 100 g de pois gourmands • 200 g de carottes nouvelles • 200 g de courgettes • 1 oignon • 2 citrons • 1 cuil. à soupe de crème à 15 % de MG • 100 g de fromage blanc à 0 % de MG • mélange de 5 baies • sel

Réalisation

Lavez et épluchez les carottes, lavez les courgettes, coupez les légumes en julienne. Épluchez et coupez finement l'oignon. Faites cuire tous les légumes ensemble dans une casserole d'eau légèrement salée pendant 10 minutes, égouttez-les et réservez-les au chaud.

Pochez le cabillaud dans une grande casserole d'eau salée, égouttez-le délicatement et réservez. Faites chauffer à feu très doux la crème avec le jus des citrons, le fromage blanc, un peu de sel et des baies concassées. Mélangez bien. Dressez les assiettes avec les légumes et le poisson, recouvrez avec un peu de sauce et servez immédiatement.

PAVÉS DE CABILLAUD AUX LÉGUMES MÉDITERRANÉENS

159 calories/pers.

4 pers. **Préparation : 15 min** **Cuisson : 15 min**

600 g de pavés de cabillaud • 400 g de courgettes • 200 g de tomates cerise • 1 cuil. à soupe d'huile d'olive • 3 cuil. à café de fond de légumes • quelques brins d'estragon • 1 branche de thym • 1 branche de romarin • sel, mélange de 5 baies

Réalisation

Lavez les légumes, coupez les courgettes en petits cubes, coupez les tomates cerise en deux. Coupez les pavés de cabillaud en quatre, faites-les revenir dans une poêle avec l'huile d'olive, 5 minutes de chaque côté. Ajoutez les courgettes et les tomates, les branches de thym et de romarin, l'estragon, salez et ajoutez quelques tours de moulin de 5 baies. Ajoutez le fond de légumes avec 15 cl d'eau.
Laissez mijoter pendant 5 minutes. Retirez les branches de thym et de romarin et servez aussitôt.

Notre conseil : le poisson supporte très bien le réchauffage au micro-ondes. Pensez donc à préparer une part en plus lorsque vous cuisinez, prélevez-la avant de servir le reste du plat à table et conservez-la pour emmener au bureau le lendemain… gain de temps assuré !

PILONS DE POULET FAÇON BASQUAISE

254 calories/pers.

4 pers. **Préparation : 25 min** **Cuisson : 40 min**

8 pilons de poulet • 200 g de tomates grappe • 70 g de concentré de tomate • 200 g de poivron rouge • 200 g d'oignons doux • 2 gousses d'ail • 20 cl de vin blanc sec • 1 cuil. à soupe d'huile d'olive • 2 cuil. à soupe de vinaigre balsamique • origan • sel, poivre

Réalisation

Lavez les tomates et les poivrons. Coupez les tomates en cubes et retirez les pépins. Coupez les poivrons, retirez les pédoncules et les pépins, coupez-les en lanières. Pelez et hachez les oignons. Retirez la peau des pilons.

Dans une cocotte, faites revenir les oignons avec l'huile d'olive. Dès qu'ils sont légèrement dorés, ajoutez les dés de tomate, les lanières de poivron et l'ail écrasé.

Versez le vin et le vinaigre, salez, poivrez et mélangez bien. Mettez les pilons de poulet à cuire dans la cocotte et fermez avec un couvercle. Laissez cuire à feu doux pendant 40 minutes en remuant régulièrement. Retournez les pilons à mi-cuisson. Dressez sur un plat de service et servez bien chaud.

POULET À L'ITALIENNE

230 calories/pers.

6 pers. Préparation : 25 min Cuisson : 1 h

1 poulet de 1,8 kg environ découpé en morceaux • 400 g de tomates grappe • 400 g d'aubergine • 100 g de poivron vert • 100 g d'oignons doux • 2 gousses d'ail • estragon • sel, poivre

Réalisation

Lavez et parez les tomates, le poivron et l'aubergine. Épluchez et émincez les oignons. Retirez la peau des morceaux de poulet. Mélangez les légumes, mettez-en la moitié au fond d'une cocotte, déposez dessus les morceaux de poulet, l'ail écrasé puis recouvrez avec le reste des légumes. Parsemez d'estragon, salez et poivrez.

Fermez la cocotte et laissez cuire à feu doux à l'étouffée pendant 1 heure environ. Rectifiez l'assaisonnement si nécessaire et servez.

POULET AU FENOUIL

184 calories/pers.

4 pers. Préparation : 25 min Cuisson : 20 min

500 g de blancs de poulet • 400 g de fenouil • 1 citron non traité • 4 ou 5 oignons nouveaux • 1 cuil. à soupe d'huile d'olive • quelques brins de coriandre • safran • sel, poivre

Réalisation

Lavez et coupez le fenouil en tranches fines. Lavez et émincez les oignons. Ébouillantez le citron puis coupez-le en huit. Coupez les blancs de poulet en lanières.

Dans une cocotte, faites revenir les oignons émincés avec l'huile d'olive, à feu doux sans le colorer. Ajoutez le fenouil et les lanières de poulet. Laissez dorer environ 5 minutes à feu vif sans en remuant régulièrement. Couvrez avec 20 cl d'eau, réduisez votre feu, ajoutez le citron, du sel, du poivre et du safran.

Couvrez et laissez cuire à feu doux pendant 20 minutes. Servez parsemé de petites feuilles de coriandre.

POULET MARENGO

219 calories/pers.

4 pers. **Préparation : 20 min** **Cuisson : 45 min**

1 poulet de 1,2 kg coupé en morceaux • 70 g de concentré de tomates • 400 g de tomates grappe • 6 oignons nouveaux • 2 échalotes • 2 gousses d'ail • 20 cl de vin blanc sec • 1 bouquet garni • sel, poivre

Réalisation

Lavez et émincez les oignons, pelez et émincez les échalotes. Lavez les tomates, coupez-les en dés.
Faites dorer les morceaux de poulet sans la peau dans une grande poêle à revêtement antiadhésif (ou un faitout). Tournez-les pour dorer chaque côté puis réservez-les. Dans la poêle, ajoutez les oignons, les échalotes et versez le vin blanc. Ajoutez le concentré de tomates, les dés de tomate, l'ail écrasé et le bouquet garni. Remettez la viande, salez, poivrez.

Couvrez et laissez cuire 45 minutes à feu doux en tournant les morceaux à mi-cuisson. En fin de cuisson, retirez le bouquet garni et dressez dans un plat de service.

POULET SAUTÉ AUX COURGETTES ET AUX FINES HERBES

224 calories/pers.

4 pers. **Préparation : 10 min** **Cuisson : 20 min**

600 g d'aiguillettes de poulet • 400 g de courgettes • 2 gousses d'ail • 1 cuil. à soupe d'huile d'olive • 1 cuil. à soupe de crème à 15 % de MG • 1 cuil. à soupe de fines herbes mélangées (coriandre, basilic, ciboulette...) • sel, poivre

Réalisation

Lavez puis coupez les courgettes en petits cubes. Dans une grande poêle, faites revenir les aiguillettes de poulet pendant 10 minutes avec l'huile d'olive en les tournant à mi-cuisson. Ajoutez les courgettes, l'ail écrasé et laissez cuire pendant 10 minutes à feu doux en couvrant afin de laisser fondre les courgettes. Ajoutez les fines herbes, la crème, salez, poivrez et mélangez bien. Servez aussitôt.

Notre conseil : faites varier ce plat en remplaçant les courgettes par des poivrons, des oignons ou encore des champignons…

ROULADES DE LIMANDE SUR LIT DE POIREAUX

210 calories/pers.

4 pers. Préparation : 20 min Cuisson : 25 min

4 filets de limande pas trop épais • 2 cuil. à soupe de crème épaisse à 15 % de MG • 2 beaux poireaux • 1 cuil. à soupe d'aneth ciselé • 1 cuil. à café de graines de cumin • 2 cuil. à café d'huile d'olive • 1 pincée de sel

Réalisation

Préchauffez votre four à 180 °C (th. 6). Nettoyez les poireaux soigneusement à l'eau courante, émincez-les en préservant quatre belles feuilles de vert de poireau. Faites blanchir le tout pendant 5 minutes à l'eau bouillante légèrement salée puis égouttez. Réservez les feuilles de poireau entières et faites fondre dans une poêle les poireaux émincés avec l'huile d'olive pendant 5 minutes.

Salez, ajoutez le cumin et disposez cette fondue dans un plat à gratin. Dans une assiette, disposez les filets de limande, recouvrez-les de crème et d'aneth puis enroulez-les. Maintenez chaque roulade ainsi formée en la liant avec une feuille de poireau entière puis disposez-les sur la fondue de poireau. Placez au four pour 15 minutes.

ROULADES DE POIREAUX

199 calories/pers.

2 pers. **Préparation : 20 min** **Cuisson : 25 min**

4 poireaux • 4 tranches de jambon blanc découenné • 50 g de gruyère râpé • 25 cl de lait demi-écrémé • 20 g de Maïzena • 1 noix de beurre allégé à 40 % de MG • muscade • sel, poivre

Réalisation

Coupez les poireaux pour ne garder que les blancs, faites-les blanchir à l'eau bouillante pendant 10 minutes. Égouttez-les, coupez-les en deux puis enroulez chaque morceau avec une tranche de jambon. Réservez les roulades dans un plat à gratin. Préchauffez le four à 180 °C (th. 6).

Préparez la sauce béchamel : délayez la Maïzena avec un peu de lait, versez-la dans une casserole avec le lait et laissez chauffer jusqu'au premier bouillon (la sauce épaissit), éteignez votre feu puis ajoutez le beurre. Salez, poivrez, saupoudrez de muscade et versez la sauce sur les roulades, parsemez de gruyère et faites cuire au four pendant 20 minutes.

Notre conseil : ne jetez surtout pas les verts de poireau, conservez-les pour compléter la préparation d'une soupe de légumes, d'une quiche aux légumes ou d'un plat de poisson (idéal pour les papillotes). Ils sont riches en vitamines et minéraux, en fibres, facilitent l'élimination rénale et ont un effet diurétique indéniable.

SAUMON ET FENOUIL BRAISÉ AUX AGRUMES

341 calories/pers.

4 pers. **Préparation : 25 min** **Cuisson : 25 min**

4 pavés de saumon frais • 500 g de fenouil • 1 gros oignon doux • 2 oranges • 2 cuil. à café d'huile d'olive • 1 bouquet d'aneth • sel, poivre

Réalisation

Pelez et coupez une orange en quartier, pressez la seconde pour recueillir le jus. Pelez et émincez finement l'oignon et le fenouil. Faites-les revenir dans une grande poêle avec une cuillerée à café d'huile d'olive. Lorsqu'ils commencent à dorer, ajoutez le jus d'orange, 10 cl d'eau, couvrez et laissez mijoter à feu doux 15 minutes.

Coupez les pavés de saumon en cubes, faites-les colorer légèrement dans une poêle avec le reste d'huile d'olive en les retournant régulièrement puis ajoutez-les dans la poêle avec les légumes. Salez, poivrez. Ajoutez les quartiers d'orange, l'aneth ciselé, couvrez et poursuivez la cuisson pendant 10 minutes. Servez immédiatement.

SAUTÉ DE PORC AU CÉLERI

244 calories/pers.

4 pers. Préparation : 25 min Cuisson : 45 min

800 g de filet mignon de porc • 400 g de cœur de céleri • 200 g de carottes nouvelles • 150 g d'oignons doux • 2 gousses d'ail • 1 cuil. à soupe d'huile d'olive • 20 cl de vin blanc sec • quelques brins d'estragon • sel, poivre

Réalisation

Lavez et parez les légumes, taillez-les en julienne.
Dans un wok, faites revenir le filet mignon coupé en morceaux avec l'huile d'olive. Réservez-le puis faites revenir les carottes, le céleri et les oignons pendant 5 minutes. Remettez la viande à cuire avec les légumes, ajoutez l'ail écrasé, l'estragon ciselé, le vin blanc, 20 cl d'eau, salez et poivrez.
Couvrez et laissez mijoter 45 minutes à feu très doux. Servez.

SAUTÉ DE VEAU AUX TOMATES

292 calories/pers.

4 pers. **Préparation : 20 min** **Cuisson : 40 min**

600 g de filet de veau • 400 g de tomates bien mûres • 2 oignons • 1 gousse d'ail • 1 cuil. à soupe d'huile d'olive • 10 cl de vin blanc sec • 1 bouquet garni • sel, poivre

Réalisation

Lavez les tomates, coupez-les en quartiers. Pelez les oignons, émincez-les. Dans une cocotte, faites revenir le veau à feu doux avec l'huile d'olive en prenant soin de bien faire dorer chaque côté. Réservez.

Faites revenir les oignons dans la cocotte à feu doux, puis remettez la viande, ajoutez les quartiers de tomate, l'ail pressé, le vin blanc, du sel, du poivre et le bouquet garni.

Complétez avec 15 cl d'eau, couvrez et laissez cuire 40 minutes à feu doux. Servez.

SAUTÉ DE VEAU PRINTANIER

283 calories/pers.

4 pers. **Préparation : 20 min** **Cuisson : 45 min**

600 g de noix de veau • 200 g de carottes • 200 g de tomates olives • 200 g de navets • 100 g d'oignons nouveaux • 1 cuil. à soupe d'huile d'olive • 20 cl de vin blanc • 1 bouquet garni • sel, poivre

Réalisation

Lavez et épluchez les carottes et les navets. Coupez les carottes en rondelles, les navets en petits quartiers. Lavez les tomates, coupez-les en quartiers et retirez les pépins. Lavez et émincez grossièrement les oignons.

Dans un faitout, faites revenir les morceaux de veau avec l'huile d'olive en les tournant afin de faire dorer chaque côté. Réservez-les dans une assiette.

Toujours dans le faitout, faites revenir les oignons avec les carottes pendant 5 minutes à feu moyen, ajoutez les navets, les tomates puis les morceaux de veau. Arrosez de vin blanc, ajoutez le bouquet garni, salez, poivrez.

Couvrez et laissez mijoter à feu doux pendant 45 minutes. À mi-cuisson, retirez le couvercle, remuez bien et terminez la cuisson sans couvercle afin de réduire le jus. Dressez les morceaux de veau dans un plat de service, déposez tout autour les légumes et arrosez avec un peu de jus. Servez.

TAGLIATELLES BOLOGNAISE

417 calories/pers.

6 pers. **Préparation : 10 min** **Cuisson : 20 min**

400 g de steak haché à 5 % de MG • 800 g de tomates concassées • 150 g de concentré de tomates • 200 g d'oignons doux • 3 cuil. à soupe de vinaigre balsamique • 2 cuil. à soupe d'huile d'olive • quelques branches de basilic frais • 600 g de tagliatelles fraîches • sel, poivre

Réalisation

Pelez et émincez les oignons, faites-les revenir avec une cuillerée à soupe d'huile d'olive à feu doux pendant 5 minutes. Dès qu'ils commencent à dorer, ajoutez le steak haché en petits morceaux et laissez cuire pendant 5 minutes.

Ajoutez les tomates concassées, le concentré de tomates, le vinaigre, du sel du poivre. Laissez mijoter doucement pendant 15 minutes.

Faites cuire les tagliatelles dans une grande casserole d'eau bouillante légèrement salée avec le reste d'huile d'olive pendant 5 minutes, égouttez-les et parsemez-les de basilic ciselé. Servez-les accompagnées de la sauce bolognaise.

Notre conseil : cette sauce permet à la fois un apport en fibres et un apport en protéines. Elle permet donc d'obtenir un repas complet pour le régime de croisière.

TARTE AU SAUMON ET AUX ÉPINARDS

551 calories/pers.

4 pers. **Préparation : 35 min** **Repos : 1 h** **Cuisson : 25 min**

Pâte diététique (voir page 13) • 200 g d'épinards hachés surgelés • 200 g de saumon frais • 1 cuil. à café d'aneth • 30 g de gruyère râpé • 2 œufs • 200 g de fromage blanc à 0 % de MG • 10 cl de lait demi-écrémé • sel

Réalisation

Préparez la pâte et abaissez-la dans un moule garni d'une feuille de papier sulfurisé légèrement beurré. Préchauffez votre four à 180 °C (th. 6).

Battez les œufs avec le fromage blanc puis le lait. Ajoutez l'aneth et le gruyère râpé. Salez. Coupez le saumon en petits dés. Disposez les épinards décongelés sur la tarte, répartissez le saumon au-dessus puis versez la préparation au fromage blanc. Placez au four et laissez cuire la tarte environ 25 à 30 minutes. Servez chaud ou tiède.

TERRINE DE SAUMON AUX POIREAUX

210 calories/pers.

4 pers. **Préparation : 15 min** **Cuisson : 40 min**

300 g de saumon frais • 150 g de blancs de poireau • 50 g d'oignon • 50 g de fenouil • 3 œufs • 50 g de fromage blanc à 0 % de MG • 1 citron • sel, poivre

Réalisation

Préchauffez votre four à 200 °C (th. 6-7). Lavez et émincez les blancs de poireaux, l'oignon et le fenouil. Passez-les au mixeur avec le saumon frais. Ajoutez les œufs entiers, du sel, du poivre, le fromage blanc et le jus de citron puis mixez à nouveau.

Versez cette préparation dans un plat à cake et placez au four pour 35 à 40 minutes. Vérifiez la cuisson à l'aide d'un couteau. Dégustez chaud ou froid accompagné d'une salade.

WOK DE GAMBAS SAUTÉES AUX POIVRONS

323 calories/pers.

4 pers. Préparation : 20 min Cuisson : 10 min

1 kg de gambas crues • 200 g de poivron jaune • 200 g de poivron rouge • 1 gousse d'ail • 3 cuil. à soupe de vinaigre de xérès • 2 cuil. à soupe de vinaigre balsamique • 2 cuil. à soupe d'huile d'olive • 1 citron • 1 cuil. à soupe de sauce de soja • quelques branches d'estragon

Réalisation

Décortiquez les gambas en conservant juste la tête (retirez les yeux) puis retirez la veine noire à l'aide d'un couteau. Lavez et coupez les poivrons en deux, retirez les pédoncules et les graines, coupez-les en petits cubes.

Passez les dés de poivrons dans un wok avec l'huile d'olive et l'ail écrasé, laissez cuire à feu vif 2 minutes sans cesser de remuer. Ajoutez les gambas et prolongez la cuisson (toujours en remuant) 3 minutes. Ajoutez les deux vinaigres, le jus du citron, la sauce de soja

et poursuivez la cuisson 3 à 5 minutes jusqu'à ce que les gambas soient bien tendres.
Parsemez d'estragon ciselé et dressez et servez immédiatement.

Notre conseil : chez le poissonnier, tenez compte des arrivages. Choisissez en fonction des prix… et de la fraîcheur ! Ici, les gambas pourront être remplacées par des crevettes ou des langoustines…

CARPACCIO DE CRUDITÉS ET BROCHETTES DE MELON ET NECTARINES

143 calories/pers.

4 pers. **Préparation : 25 min** **Cuisson : 20 min**

300 g de concombre • 300 g de tomates olives • 100 g de radis roses • 1 petit melon • 400 g de nectarines blanches • 100 g de fromage blanc • 1 citron • quelques feuilles de basilic fraîches • 1 cuil. à café de graines de sésame • 1 cuil. à café de son d'avoine • sel, poivre

Réalisation

Lavez et parez les crudités. Coupez le concombre, les tomates et les radis en tranches fines. Sur un plat, répartissez bien les rondelles de tomate, recouvrez avec celles de concombre puis les radis.

Préparez la sauce en mélangeant le fromage blanc avec le jus du citron, les feuilles de basilic ciselées, du sel et du poivre puis versez-la sur les crudités. Coupez les melons et les nectarines en cubes de 2 cm de côté.

Préparez les brochettes en alternant les cubes de melon et les cubes de nectarine et déposez-les sur le plat de crudités. Parsemez de son d'avoine et de graines de sésame. Servez frais.

COURGETTES FARCIES AU CRABE

104 calories/pers.

4 pers. **Préparation : 20 min** **Cuisson : 45 min**

3 belles courgettes • 300 g de miettes de crabe • 70 g de concentré de tomates • 3 oignons nouveaux • 1 gousse d'ail • 1 citron • 15 cl de bouillon • sel, poivre

Réalisation

Préchauffez votre four à 180 °C (th. 6). Lavez les courgettes, retirez les pédoncules, coupez-les en deux dans la longueur puis en deux dans la largeur. Creusez légèrement le cœur des courgettes à l'aide d'une cuillère à café. Déposez-les bien serrées dans un plat allant au four.

Préparez la farce : pelez, coupez puis mixez les oignons finement. Mélangez les miettes de crabe avec le concentré de tomates, l'ail écrasé, les oignons, le jus du citron, salez et poivrez.

Répartissez la farce au cœur de chaque courgette, arrosez de bouillon, placez au four pour 45 minutes. Servez bien chaud.

Notre conseil : un barbecue de prévu ? Pensez à accompagner votre viande de légumes : tians, flans, gratins, salades… Vous avez l'embarras du choix pour les accompagner de façon agréable tout en restant diététique. Vous êtes invité chez vos voisins pour déguster des grillades ? Pas de problème, proposez d'amener une belle salade, ce sera toujours mieux que d'être confronté au paquet de chips !

FLAN DE TOMATES À L'AGAR-AGAR

48 calories/pers.

4 pers. **Prép. : 15 min** **Repos : 30 min** **Cuisson : 2 min**

600 g de tomates olivettes • 2 g d'agar-agar • 1 gousse d'ail • 2 cuil. à café d'huile d'olive • 2 cuil. à café de basilic ciselé • sel, poivre

Réalisation

Mondez les tomates afin d'en retirer la peau, mixez-les jusqu'à obtenir une purée, ajoutez l'huile d'olive, l'ail

écrasé et le basilic. Laissez reposer le tout 30 minutes afin de développer les arômes.
Filtrez le jus de tomates, faites-le chauffer puis ajoutez l'agar-agar et laissez frémir 1 minute 30 secondes. Ajoutez ce jus à la pulpe de tomates, salez, poivrez, versez dans des petits moules.
Laissez-les refroidir au réfrigérateur puis démoulez sur des assiettes. Accompagnez de petits cubes de mozzarella.

SALADE À L'ANANAS

214 calories/pers.

4 pers. **Préparation : 15 min**

400 g d'ananas frais • 1 melon • 1 petit avocat • 200 g de concombre • 1 citron vert • 2 cuil. à soupe d'huile de colza • 1 cuil. à soupe de vinaigre de framboises • sel, poivre

Réalisation

Coupez et évidez le melon. Coupez-le en cubes. Coupez l'ananas en huit, retirez le centre et la peau, coupez-le en morceaux. Coupez l'avocat en deux, retirez le noyau. Coupez la moitié de l'avocat en lamelles (réservez l'autre moitié). Lavez, épluchez et coupez le concombre en morceaux. Au final, la taille des morceaux de melon, de concombre et d'ananas doivent être identique. Mélangez le tout dans un saladier.

Préparez la sauce : écrasez le demi-avocat restant, mélangez-le au jus de citron, ajoutez l'huile et le vinaigre, salez et poivrez. Assaisonnez la salade avec cette sauce et servez frais.

Notre conseil : vous pouvez aussi présenter cette salade en verrines en superposant des couches d'ananas, de melon et de concombre et en insérant un peu de sauce entre les couches. Décorez avec les lamelles d'avocat.

MOUSSE DE POTAGER

57 calories/pers.

4 pers. **Préparation : 15 min** **Réfrigération : 2 h**

1 betterave rouge • 200 g de radis roses • 2 carottes jeunes • 100 g de fromage blanc à 0 % de MG • 1 citron jaune • 8 à 10 feuilles de menthe

Réalisation

Lavez et épluchez les carottes. Coupez les carottes et la betterave en petits dés. Mixez-les avec le jus du citron (réservez deux fines rondelles pour la décoration), le fromage blanc et les feuilles de menthe (réservez quatre belles feuilles pour la décoration). Salez, poivrez. Versez dans des verrines et décorez avec la menthe et de petits morceaux de citron. Placez au frais pendant 2 heures et servez très frais.

Notre conseil : pensez aux drainants, ils permettent d'éliminer un surplus d'eau dans les tissus, aident à relancer la circulation sanguine, à éliminer les toxines et à lutter contre la cellulite. En les associant à un régime équilibré, ce sont de vrais alliés minceur : queue de cerise, pissenlit, hamamélis, vigne rouge, cassis… à faire en cures tout au long de l'année.

SALADE AROMATIQUE

99 calories/pers.

4 pers. **Préparation : 15 min**

1 poignée de feuilles de menthe • 1 poignée de feuilles de basilic • 1 poignée de feuilles de coriandre • quelques feuilles d'estragon • 100 g de mesclun • 30 g de cerneaux de noix • 1 cuil. à soupe d'huile d'olive • 1 cuil. à soupe d'huile de noix • 1 cuil. à soupe de vinaigre balsamique • 1 cuil. à soupe de vinaigre de framboise • 1 cuil. à café de moutarde • sel

Réalisation

Rincez bien l'ensemble des feuilles aromatiques, séchez-les sur du papier absorbant. Lavez et essorez la salade de mesclun.

Dans un saladier, préparez la vinaigrette en mélangeant la moutarde avec les vinaigres, l'huiles et la moutarde, salez. Déposez la salade de mesclun et les feuilles aromatiques. Tournez la salade et décorez avec les cerneaux de noix. Servez.

SALADE ASIATIQUE

123 calories/pers.

4 pers. **Préparation : 35 min**

200 g de germes de soja • 200 g de crevettes roses décortiquées • 100 g de pousses de bambou • 100 g de champignons noirs • quelques feuilles de coriandre • 1 cuil. à soupe de sauce de soja • 1 cuil. à soupe d'huile de colza • 1 cuil. à soupe de vinaigre balsamique • 1 cuil. à café de moutarde • 1 cuil. à café de sucre • sel

Réalisation

Réhydratez les champignons noirs en les faisant tremper dans de l'eau tiède pendant 20 minutes. Mélangez-les avec les crevettes, les germes de soja et les pousses de bambou égouttées et séchées dans du papier absorbant. Parsemez de feuilles de coriandre.

Préparez la sauce en mélangeant la moutarde, le vinaigre, l'huile et la sauce de soja. Ajoutez le sucre et une pincée de sel, mélangez bien. Nappez la salade avec cette sauce et servez très frais.

SALADE AU CURRY

68 calories/pers.

4 pers. **Préparation : 15 min**

4 tomates olives ou grappe • 100 g de poivron jaune • 100 g de poivron vert • 1 cuil. à café de curry • 2 cuil. à soupe d'huile d'olive • 1 cuil. à soupe de vinaigre balsamique • 1 cuil. à café de moutarde fine • sel

Réalisation

Lavez les poivrons et les tomates. Coupez les poivrons en deux, retirez les pédoncules et les pépins et coupez-les en lamelles. Coupez les tomates en petits cubes.

Versez le tout dans un saladier. Mélangez la moutarde, le vinaigre, l'huile, du sel et le curry, versez cette vinaigrette dans le saladier et mélangez bien le tout. Servez.

SALADE AU POULET ET AUX ÉPINARDS

120 calories/pers.

4 pers. Préparation : 15 min Cuisson : 5 min

200 g de blanc de poulet • 100 g de pousses d'épinard • 100 g de poivron jaune • 100 g de poivron rouge • 100 g d'oignons nouveaux • 1 citron • 1 cuil. à soupe d'huile d'olive • 1 cuil. à café de confiture d'oranges amères • quelques feuilles de coriandre fraîche • sel, poivre

Réalisation

Lavez les poivrons, retirez les pédoncules et les pépins, coupez-les en lamelles. Lavez et émincez les oignons nouveaux, lavez les pousses d'épinard.

Faites cuire le blanc de poulet dans une poêle à revêtement antiadhésif, sans matière grasse. Dès qu'ils sont bien cuits, coupez-les en tranches fines. Mélangez toutes les crudités et le poulet dans un saladier.

Préparez la sauce en mélangeant le jus du citron, la confiture, du sel, du poivre et ajoutez la coriandre. Versez la sauce sur la salade et servez.

SALADE BRILLANTE

147 calories/pers.

4 pers. Préparation : 20 min

1 salade type feuille de chêne rouge • 20 tomates cerise • 40 g de carottes râpées • 2 oranges en quartiers • 150 g de crevettes bouquet décortiquées • 1 cuil. à café de confiture d'oranges amères • 2 cuil. à soupe d'huile d'olive • 2 cuil. à soupe de vinaigrette balsamique • 1 cuil. à café de moutarde • sel

Réalisation

Lavez et épluchez la salade, ciselez-la grossièrement. Lavez les tomates cerise, coupez-les en deux.

Présentez la salade dans un saladier en la recouvrant des tomates, des quartiers d'orange, des crevettes et de carottes râpées.

Préparez la vinaigrette en mélangeant la moutarde, le vinaigre et l'huile d'olive. Mélangez la confiture avec la vinaigrette et versez sur la salade. Réservez au frais.

SALADE D'ARTICHAUTS AUX CREVETTES

152 calories/pers.

4 pers. Préparation : 25 min Cuisson : 20 min

4 petits artichauts • ½ cœur de céleri • 200 g de crevettes décortiquées • 150 g de tomates grappe • 100 g de tomates cerise • 2 cuil. à soupe d'huile d'olive • 2 cuil. à soupe de vinaigre balsamique • 1 cuil. à soupe de moutarde • 1 cuil. à café de basilic ciselé • 1 cuil. à café de baies roses • sel

Réalisation

Lavez les artichauts, plongez-les dans une casserole d'eau bouillante salée et laissez-les cuire pendant 20 minutes. Pendant ce temps, lavez les tomates, coupez les tomates grappe en rondelles fines et les tomates cerise en deux. Lavez et émincez le cœur de céleri.

Déposez les rondelles de tomates en rosace dans un plat et disposez dessus le céleri. Égouttez les artichauts, retirez les feuilles et coupez les cœurs en quartiers fins. Répartissez les quartiers d'artichaut sur le plat, ainsi que les crevettes.

Préparez la vinaigrette en mélangeant la moutarde avec le vinaigre et l'huile, salez. Versez la sauce sur la salade, décorez avec les baies roses et le basilic. Servez.

SALADE D'ASPERGES ET D'ÉPINARDS AUX LANGOUSTINES

214 calories/pers.

4 pers. **Préparation : 15 min** **Cuisson : 12 min**

500 g de pointes d'asperge • 200 g de pousses d'épinard • 16 langoustines cuites et décortiquées • 1 cuil. à soupe d'huile de colza • 1 cuil. à soupe d'huile de noix • 2 cuil. à soupe de vinaigre balsamique • 1 cuil. à café de moutarde fine • sel, poivre

Réalisation

Lavez les pointes d'asperge et faites-les cuire 6 à 7 minutes dans l'eau frémissante. Égouttez-les délicatement, séchez-les à l'aide d'un papier absorbant et mettez-les dans un saladier. Lavez et égouttez bien les pousses d'épinard. Ajoutez-les aux pointes d'asperge.

Préparez la vinaigrette avec l'huile de colza, l'huile de noix, le vinaigre et la moutarde, salez, poivrez et assaisonnez la salade et mélangeant bien.

Poêlez les langoustines pendant 5 minutes à feu doux. Déposez-les sur la salade et servez lorsqu'elles sont encore tièdes.

SALADE D'ENDIVES AU SAUMON FUMÉ

136 calories/pers.

4 pers. **Préparation : 15 min**

150 g de saumon fumé • 2 endives • 2 oranges • 1 citron • 1 cuil. à soupe d'huile de pépins de raisin • 1 cuil. à café d'aneth • sel

Réalisation

Lavez puis coupez les endives afin de former de fines lanières. Découpez les quartiers d'orange et mélangez-les avec les endives dans un saladier.

Mélangez le jus du citron avec l'huile, ajoutez l'aneth, le sel et assaisonnez la salade d'endives en mélangeant bien.

Coupez le saumon fumé en fines lanières et déposez-les sur la salade en formant une corolle. Servez.

SALADE DE BROCOLIS AU SOJA

36 calories/pers.

4 pers. **Préparation : 15 min** **Cuisson : 15 min**

400 g de brocolis en fleurettes • ½ poivron rouge • 120 g de germes de soja • 100 g de fromage blanc à 0 % de MG • 1 citron • 1 cuil. à soupe de vinaigre de framboise • quelques feuilles de cerfeuil • sel, poivre

Réalisation

Lavez les brocolis puis faites-les cuire à la vapeur pendant 15 minutes.

Pendant ce temps, lavez et coupez le poivron, retirez les pépins puis tranchez la chair en lamelles. Rincez puis égouttez les germes de soja. Égouttez les brocolis. Mélangez les brocolis, le poivron et les germes de soja dans des ramequins individuels.

Préparez la sauce en mélangeant le fromage blanc avec le jus du citron, le vinaigre, le cerfeuil ciselé. Salez, poivrez et nappez la salade avec cette sauce. Servez frais.

SALADE DE CHOU-FLEUR

47 calories/pers.

4 pers. **Préparation : 20 min** **Cuisson : 10 min**

300 g de chou-fleur • 150 g de mâche • 100 g de poivron rouge • 1 yaourt brassé à 0 % de MG • 1 cuil. à café de moutarde • 1 citron • quelques brins de ciboulette • sel, poivre

Réalisation

Lavez et parez le chou-fleur, coupez-le en fleurettes. Dans une grande casserole d'eau légèrement salée, faites cuire le chou-fleur pendant 10 minutes puis égouttez-le. Lavez et essorez la mâche. Lavez puis coupez le poivron, retirez les pépins et coupez la chair en lanières. Mélangez le chou-fleur, la mâche et le poivron dans un saladier.

Préparez la sauce : mélangez le yaourt avec le jus du citron, la moutarde, du sel, du poivre et la ciboulette ciselée. Nappez puis mélangez la salade de chou-fleur avec cette sauce et servez.

SALADE DE CHOUX AU FROMAGE BLANC

67 calories/pers.

4 pers. **Préparation : 15 min** **Repos : 1 h**

150 g de chou blanc • 150 g de chou rouge • 3-4 branches de coriandre fraîches • 100 g de fromage blanc à 0 % de MG • 1 cuil. à soupe de vinaigre de cidre • 50 g de raisins de Corinthe • 1 citron • sel, poivre

Réalisation

Rincez bien les choux sous l'eau courante puis taillez-les en tranches très fines. Lavez et ciselez la coriandre.

Dans un saladier, préparez la sauce : mélangez le fromage blanc avec du sel et la coriandre, ajoutez le jus du citron et le vinaigre en battant vigoureusement. Mettez les choux dans le saladier, ajoutez les raisins de Corinthe et mélangez bien avec la sauce. Laissez reposer à couvert pendant au moins 1 heure. Servez.

SALADE DE CONCOMBRE À LA FETA

124 calories/pers.

4 pers. **Préparation : 15 min**

300 g de concombre • 120 g de feta • 4 oignons nouveaux • quelques brins de ciboulette • quelques feuilles de menthe fraîche • 1 cuil. à soupe d'huile d'olive • 1 citron • 1 cuil. à soupe de fromage blanc à 0 % de MG • sel

Réalisation

Lavez et pelez le concombre, coupez-le en petits dés. Coupez la feta en dés de la même grosseur. Lavez et ciselez les oignons nouveaux. Mélangez les dés de concombre et de feta dans des verres.

Préparez la sauce en mélangeant le fromage blanc avec l'huile d'olive, le jus du citron, du sel et la menthe ciselée. Nappez les verrines avec cette sauce et parsemez de ciboulette ciselée. Servez frais.

SALADE DE CONCOMBRE AU SAUMON

216 calories/pers.

4 pers. **Préparation : 10 min**

300 g de concombre • 125 g de mozzarella • 200 g de saumon fumé en tranches • 100 g de fromage blanc à 0 % de MG • 2 cuil. à soupe de vinaigre de framboise • 2 cuil. à café d'aneth • sel, poivre

Réalisation

Lavez, épluchez et coupez le concombre en fines tranches. Égouttez et coupez la mozzarella en petites tranches. Disposez les tranches de concombre et de mozzarella en corolle sur un plat de service. Arrosez avec une cuillerée à soupe de vinaigre.

Séparez les tranches de saumon, enroulez-les sur elles-mêmes et disposez-les sur les concombres.

Dans une coupelle, mélangez le fromage blanc, la crème, l'aneth et le vinaigre restant, salez, poivrez et servez cette sauce avec la salade.

SALADE DE CREVETTES

120 calories/pers.

4 pers. Préparation : 15 min Cuisson : 20 min

200 g de belles crevettes décortiquées • 50 g de feuilles de mâche • 1 pamplemousse • 1 belle pomme (type golden) • 100 g de pousses de soja en conserve • 10 brins de ciboulettes • 100 g de fromage blanc à 0 % de MG • 1 cuil. à soupe de vinaigre de framboises • sel, poivre

Réalisation

Lavez soigneusement les feuilles de mâche. Lavez, épluchez et coupez la pomme en lamelles. Découpez le pamplemousse. Rincez les pousses de soja. Mélangez ces ingrédients avec les crevettes.

Mélangez le fromage blanc avec le vinaigre et la ciboulette ciselée, salez et poivrez. Assaisonnez la salade et servez frais.

SALADE DE TAGLIATELLES DE COURGETTES AU BASILIC

132 calories/pers.

4 pers. **Préparation : 25 min**

2 petites courgettes • 80 g de parmesan • 2 cuil. à café de baies roses • 2 cuil. à café de basilic ciselé • 2 cuil. à soupe d'huile • 2 cuil. à soupe de vinaigre balsamique • 1 cuil. à café de moutarde fine • sel, poivre

Réalisation

Lavez les courgettes, retirez les pédoncules. Coupez les courgettes et le parmesan dans la longueur à l'aide d'un couteau économe pour obtenir des tagliatelles. Préparez la vinaigrette en mélangeant la moutarde, le vinaigre et l'huile. Salez, poivrez.

Déposez les tagliatelles de courgettes dans des ramequins individuels, assaisonnez chaque ramequin avec une cuillerée à soupe de vinaigrette, parsemez de baies roses et de basilic. Décorez avec les copeaux de parmesan et réservez au frais.

SALADE DE TOMATES COLORÉES À LA MOZZARELLA

191 calories/pers.

4 pers. **Préparation : 10 min**

1 tomate olive • 1 tomate noire • 1 tomate jaune • 15 tomates cerise • 5 ou 6 tiges de basilic • 150 g de mozzarella • 2 cuil. à soupe d'huile d'olive • 1 cuil. à soupe de vinaigre balsamique • fleur de sel

Réalisation

Égouttez la mozzarella et coupez-la en tranches fines. Lavez toutes les tomates, coupez les tomates (olive, noire et jaune) en tranches fines. Coupez les tomates cerise en deux.

Présentez les tomates sur un plat en formant une belle rosace, disposez dessus la mozzarella. Ciselez le basilic et parsemez-le sur le plat. Mélangez l'huile d'olive et le vinaigre balsamique, versez régulièrement sur les tomates. Parsemez de fleur de sel.

SALADE NIÇOISE

133 calories/pers.

4 pers. Préparation : 10 min Cuisson : 10 min

200 g de thon au naturel égoutté • 100 g de haricots verts • 1 cuil. à soupe d'huile d'olive • 1 oignon rouge émincé • 4 petits oignons nouveaux émincés • 100 g de mesclun • 200 g de tomates cerise coupées en deux • 1 citron • 1 cuil. à café de moutarde à l'ancienne • 1 gousse d'ail pilée • 1 cuil. à café de sucre en poudre • sel, poivre

Réalisation

Lavez et coupez les tomates. Pelez les oignons, émincez-les. Lavez et essorez la salade.

Faites cuire les haricots verts dans de l'eau bouillante légèrement salée pendant 5 à 10 minutes, ils doivent rester croquants. Égouttez-les puis rincez-les à l'eau froide.

Présentez les haricots dans un saladier avec le mesclun, le thon grossièrement émietté, les tomates, les oignons. Préparez l'assaisonnement en mélangeant le jus du citron, l'ail et le sucre et versez-le sur la salade, servez aussitôt.

SALADE POMMES, CAROTTES, CÉLERI

102 calories/pers.

4 pers. **Préparation : 10 min**

200 g de céleri-rave • 200 g de carottes • 2 pommes type reinettes • 2 cuil. à soupe d'huile d'olive • 2 cuil. à soupe de vinaigre de cidre • 1 cuil. à café de moutarde • sel

Réalisation

Lavez et épluchez le céleri et les carottes. Râpez-les. Épluchez les pommes, coupez-les en fines lamelles. Dans un saladier, préparez la vinaigrette en mélangeant la moutarde avec le vinaigre et l'huile, salez. Déposez dessus le céleri, les carottes et les lamelles de pomme. Tournez la salade et servez.

SALADE PRINTANIÈRE

75 calories/pers.

4 pers. **Préparation : 10 min**

200 g de courgette crue râpée • 200 g de chou-fleur cru émincé • 50 g de petits pois cuits (mais croquants) • 2 tranches de jambon blanc découenné • 1 petite échalote • 1 cuil. à soupe de basilic ciselé • 1 cuil. à soupe d'huile d'olive • 1 cuil. à soupe de vinaigre balsamique ou de xérès • 1 cuil. à café de moutarde fine • sel, poivre

Réalisation

Coupez le jambon en lanières. Mélangez tous les ingrédients dans un saladier, assaisonnez avec l'échalote finement coupée, le basilic, l'huile, le vinaigre et la moutarde. Salez et poivrez.

Notre conseil : faites varier cette recette en remplaçant le jambon par quelques bâtonnets de surimi coupés, des miettes de thon ou encore des magrets de canard dégraissés…

SALADE ROSE ET VERTE

75 cal/ pers.

4 pers. **Préparation : 20 min**

400 g de haricots verts extra fins • 150 g de radis roses • quelques brins de ciboulette ciselés • 2 cuil. à soupe d'huile d'olive • 2 cuil. à soupe de vinaigre de framboises • 1 cuil. à café de moutarde • sel, poivre

Réalisation

Faites cuire les haricots verts dans l'eau bouillante salée pendant 10 à 15 minutes (ils doivent être légèrement croquants). Laissez-les refroidir. Lavez et équeutez les radis, coupez-les en rondelles.

Préparez la vinaigrette en mélangeant le vinaigre, la moutarde et l'huile. Salez, poivrez. Placez dans un saladier les haricots verts, les radis et la ciboulette, assaisonnez de vinaigrette. Servez frais.

SALADE VIETNAMIENNE

175 calories/pers.

4 pers. **Préparation : 25 min** **Cuisson : 5 min**

300 g de germes de soja • 150 g de chair de crabe • 250 g de blancs de poulet • 100 g de carottes • environ 20 champignons noirs déshydratés • quelques feuilles de menthe • quelques feuilles de basilic • 2 cuil. à soupe de nuoc-mâm • 1 cuil. à soupe de sauce de soja • 1 citron • 1 cuil. à soupe de graines de sésame

Réalisation

Réhydratez les champignons noirs en les faisant tremper dans de l'eau chaude 15 minutes. Égouttez-les. Rincez les germes de soja. Lavez, pelez et râpez les carottes. Ciselez la menthe et le basilic.

Mélangez le tout et ajoutez la chair de crabe émiettée. Coupez le poulet en fines lanières, faites-les revenir à feu vif sans ajouter de matière grasse pendant 5 minutes en les tournant, laissez refroidir puis ajoutez à la salade.

Préparez la sauce en mélangeant le nuoc-mâm, la sauce de soja, le jus du citron et les graines de sésame. Assaisonnez la salade et servez.

Notre conseil : vous pouvez remplacer le poulet par quelques crevettes ou par du filet de porc finement coupé et cuit de la même façon que le poulet.

TABOULÉ AU QUINOA

248 calories/pers.

4 pers. **Prép. : 10 min** **Réfrigération : 1 h** **Cuisson : 10 min**

150 g de quinoa • ½ concombre • 4 tomates olives • 6 oignons nouveaux • 1 citron • 2 cuil. à soupe d'huile • 2 cuil. à soupe de raisins de Corinthe • 12 feuilles de menthe fraîche • 3 brins de coriandre • cumin en poudre • sel

Réalisation

Faites cuire le quinoa dans une grande casserole d'eau légèrement salée pendant 10 minutes, égouttez-les et laissez-le refroidir.

Lavez et épluchez le concombre, lavez les tomates, coupez-les en petits dés. Lavez et émincez finement les oignons nouveaux. Lavez et ciselez les feuilles de menthe et la coriandre.

Mélangez le quinoa, les dés de tomate et de concombre, les oignons, la menthe et la coriandre dans un saladier, citronnez-les et ajoutez l'huile d'olive,

le cumin et les raisins. Salez et laissez reposer au moins 1 heure au frais.
Servez frais pour accompagner des brochettes ou des grillades.

TOMATES FARCIES CRUES

146 calories/pers.

4 pers. **Préparation : 25 min** **Cuisson : 10 min**

8 tomates olives • 2 œufs • 6 cornichons • 1 cuil. à soupe de câpres • 200 g de thon au naturel • 100 g de fromage blanc à 0 % de MG • 1 cuil. à soupe de vinaigre de vin • 1 cuil. à café de moutarde fine • 1 cuil. à café d'aneth • 1 cuil. à café de cerfeuil • sel, poivre

Réalisation

Plongez les œufs dans une casserole d'eau bouillante et faites-les cuire 10 minutes. Lavez les tomates, découpez les chapeaux en croix puis évidez-les. Laissez-les s'égoutter à l'envers sur une assiette.
Dans un récipient, écrasez les œufs durs à l'aide d'une fourchette. Coupez les cornichons en tout petits dés. Mélangez les œufs avec les cornichons, les câpres, le thon, le fromage blanc, la moutarde, le vinaigre

et les fines herbes. Salez, poivrez et mélangez bien le tout afin d'obtenir une farce homogène.
Garnissez les tomates avec la farce et réservez au froid jusqu'au service.

TZAZIZKI AU THON

65 calories/pers.

4 pers. **Préparation : 15 min** **Réfrigération : 2 h**

300 g de concombre • 400 g de fromage blanc à 0 % de MG • 4 oignons nouveaux • 1 gousse d'ail • quelques brins de ciboulette • sel, poivre

Réalisation

Lavez et épluchez le concombre, coupez-le en deux dans la longueur, retirez les pépins puis coupez la chair en tout petits cubes. Salez-les puis laissez-les dégorger dans une passoire.
Pelez et hachez les oignons, mélangez-les avec le concombre, ajoutez l'ail pressé, la ciboulette ciselée finement puis le fromage blanc. Poivrez puis resalez si nécessaire.

Laissez reposer au réfrigérateur au moins 2 heures. Servez frais en entrée accompagné de pain ou de blinis.

Notre conseil : vous avez une petite faim ? Inutile de rester affamé si le repas n'est que dans 2 heures. Prenez un petit en-cas protéiné et/ou salé, il vous « calera » autant qu'un fruit sans vous apporter de sucre… tranche de jambon, surimi, petit bol de soupe…

VELOUTÉ DE CHOU-FLEUR ET SES BROCHETTES DE CREVETTES

103 calories/pers.

4 pers. **Préparation : 20 min** **Cuisson : 20 min**

200 g de chou-fleur surgelé • 15 cl de lait • 100 g de fromage blanc à 0 % de MG • ½ cuil. à café de cannelle • 8 belles crevettes • 2 citrons verts non traités ou ébouillantés • sel, poivre

Réalisation

Dans une casserole d'eau bouillante légèrement salée, faites cuire le chou-fleur pendant 10 minutes. Égouttez-le puis remettez-le dans la casserole avec

le lait, le fromage blanc et la cannelle. Couvrez et laissez cuire pendant 10 minutes. Mixez puis passez le tout à la passoire. Salez et poivrez.
Dressez le velouté dans des assiettes creuses individuelles. Saupoudrez une petite pincée de cannelle sur chaque assiette. Préparez les brochettes en piquant sur des piques cocktail une crevette avec un quartier de citron. Passez les piques dans une poêle à revêtement antiadhésif 1 minute de chaque côté et servez-les avec les veloutés.

Notre conseil : vous êtes invité et vous avez peur de tomber dans les cacahouètes ou les petits fours ? Anticipez ! Avant de partir de chez vous, avalez un bol de soupe ou une tranche de jambon, cela vous permettra de ne pas vous sentir affamé au moment de l'apéritif et d'éviter les tentations plus sereinement.

VERRINES DE CONCOMBRE ET POIRE À LA MENTHE

82 calories/pers.

4 pers. Préparation : 10 min Cuisson : 20 min

½ concombre • 1 poire • 2 branches de menthe fraîche • 50 g de pignons de pin • 100 g de fromage blanc à 0 % de MG • 1 cuil. à café de vinaigre balsamique • 1 filet de jus de citron • sel

Réalisation

Ciselez la menthe en conservant quatre belles feuilles pour la décoration. Préparez la sauce en mélangeant le fromage blanc, le vinaigre, le filet de jus de citron, la menthe ciselée et du sel. Épluchez la poire.

Coupez en très petits cubes le concombre (non épluché) et la poire, mélangez avec les pignons de pin et la moitié de la sauce et présentez dans des verrines individuelles. Déposez sur le dessus un peu de sauce restante et décorez avec une feuille de menthe.

VERRINES DE TOMATES ET PASTÈQUE AU CHÈVRE

70 calories/pers.

4 pers. **Préparation : 25 min** **Cuisson : 5 min**

300 g de tomates grappe • 200 g de pastèque • 100 g de chèvre frais • 12 belles feuilles de basilic • 10 brins de ciboulette • 1 gousse d'ail • 1 cuil. à soupe de vinaigre balsamique • 1 cuil. à soupe d'huile d'olive • sel

Réalisation

Mondez les tomates, épluchez-les et coupez-les en petits cubes. Passez-les à la poêle 5 minutes avec l'huile d'olive et le vinaigre balsamique, ajoutez l'ail pressé et salez légèrement.

Hors du feu, mélangez les tomates avec les feuilles de basilic ciselées (conservez quatre feuilles pour la décoration). Versez les tomates au fond des verrines.

Découpez la pastèque en petits cubes, retirez les pépins et déposez les cubes dans les verrines sur les tomates. Émiettez le chèvre, mélangez-le avec la ciboulette ciselée et versez-le sur chaque verrine.

Décorez avec une feuille de basilic. Servez frais.

VIANDES, POISSONS, GRILLADES ET PAPILLOTES

•

AIGUILLETTES DE POULET AU VIN BLANC

211 calories/pers.

4 pers. **Préparation : 20 min** **Cuisson : 15 min**

600 g d'aiguillettes de poulet • 150 g d'oignons nouveaux • 200 g de champignons • 25 cl de vin blanc sec • 100 g de fromage blanc à 0 % de MG • 1 cuil. à soupe d'huile d'olive • 2 gousses d'ail • ½ cuil. à café de cumin en poudre • sel, poivre

Réalisation

Lavez et émincez les oignons et les champignons. Dans une poêle à revêtement antiadhésif, faites revenir les oignons à feu doux avec l'huile d'olive. Dès qu'ils sont translucides, sortez-les de la poêle et faites revenir les aiguillettes de poulet. Tournez-les afin de faire dorer chaque côté. Réservez-les avec les oignons.

Faites suer les champignons pendant 10 minutes à feu vif puis remettez dans la poêle les aiguillettes et les oignons. Déglacez avec le vin blanc, ajoutez l'ail écrasé, le cumin, salez et poivrez. Ajoutez le fromage blanc et laissez cuire doucement pendant 5 minutes. Servez immédiatement.

Notre conseil : servez ces aiguillettes accompagnées d'un wok de légumes. Les légumes croquants du wok et leur petit côté frais accompagneront parfaitement le moelleux des aiguillettes.

AIGUILLETTES DE POULET AUX ÉCHALOTES

236 calories/pers.

4 pers. **Préparation : 15 min** **Cuisson : 20 min**

600 g d'aiguillettes de poulet • 400 g d'échalotes • 3 cuil. à soupe de vinaigre balsamique • 1 cuil. à soupe d'huile d'olive • 1 cuil. à soupe de miel • 10 cl de bouillon de volaille • coriandre fraîche • sel, poivre

Réalisation

Pelez et émincez les échalotes, faites-les revenir à feu doux dans l'huile d'olive. Ajoutez le miel puis déglacez avec le vinaigre balsamique. Salez, poivrez et parsemez de coriandre ciselée. Ajoutez le bouillon de volaille. Laissez mijoter 20 minutes à feu doux.

Pendant ce temps, poêlez à feu vif les aiguillettes de poulet. Servez les aiguillettes accompagnées des échalotes confites.

Notre conseil : essayez de déglacer avec du cidre à la place du vinaigre, servez avec quelques quartiers de pomme cuite...

BROCHETTES DE LOTTE AUX POMMES

211 calories/pers.

4 pers. **Prép. : 15 min** **Marinade : 1 h** **Cuisson : 10 min**

500 g de queue de lotte • 500 g de pommes • 2 cuil. à soupe d'huile d'olive • 2 citrons • mélange de 5 baies • sel, poivre

Réalisation

Coupez les queues de lotte en dés, puis faites-les mariner 1 heure dans le mélange huile d'olive, jus de citron, sel et poivre, en les retournant régulièrement.

Épluchez et coupez les pommes en dés d'environ 2 cm de côté. Montez les brochettes en alternant les dés de pomme et de lotte.

Faites cuire les brochettes au gril ou à la plancha environ 3 minutes de chaque côté. Parsemez du mélange de 5 baies et servez.

BROCHETTES DE THON

162 calories/pers.

4 pers. **Préparation : 15 min** **Cuisson : 10 min**

300 g de pavé de thon frais • 100 g de jambon fumé, en tranches fines • 100 g de fromage blanc à 0 % de MG • 1 cuil. à soupe de vinaigre balsamique • coriandre fraîche • sel, poivre

Réalisation

Coupez le thon en cubes d'environ 2 cm de côté. Enrubannez chaque morceau avec une lanière de jambon fumé. Piquez les morceaux sur des piques. Prévoyez quatre ou cinq morceaux par bâtonnet.

Mélangez le fromage blanc avec le vinaigre, du sel, du poivre et de la coriandre ciselée. Passez les brochettes au gril environ 10 minutes en les tournant pour dorer chaque côté. Servez avec la sauce au fromage blanc.

Notre conseil : pourquoi ne pas préparer des mini brochettes de thon avec des piques à cocktail… pour des apéritifs légers et protéinés.

CUISSES DE POULET AU CITRON

239 calories/pers.

4 pers. **Préparation : 15 min** **Cuisson : 10 min**

4 cuisses de poulet • 4 citrons • 30 cl de bouillon de poulet • 25 g de Maïzena • 2 belles branches de romarin • sel, poivre

Réalisation

Préchauffez votre four à 200 °C (th. 6-7).

Pressez deux citrons et recueillez le jus. Retirez les peaux des cuisses de poulet. Déposez les cuisses sur les branches de romarin dans un plat allant au four, arrosez-les de jus de citron, salez, poivrez. Lavez et coupez en tranches fines les deux citrons restants, couvrez les cuisses de poulet avec les tranches de citron et placez-les au four pour environ 40 minutes.

Lorsque les cuisses de poulet sont cuites, sortez-les du four et réservez-les dans une assiette. Récupérez le jus de citron et versez-le dans une poêle. Préparez la Maïzena en la diluant avec une cuillerée à soupe d'eau et versez-la dans la poêle avec le jus de citron. Laissez chauffer doucement jusqu'à ébullition en remuant pour que la sauce épaississe légèrement. Présentez les cuisses de poulet dans des assiettes individuelles accompagnées de la sauce au citron, décorez avec une rondelle de citron et quelques brins de romarin, servez immédiatement.

ÉGLEFIN AUX TOMATES CERISE

150 calories/pers.

4 pers. **Préparation : 10 min** **Cuisson : 25 min**

600 g d'églefin • 300 g de tomates cerise • 4 échalotes • 10 cl de vin blanc sec • 1 cuil. à soupe d'huile d'olive • 1 bouquet garni • sel, poivre

Réalisation

Pelez et émincez les échalotes, faites-les revenir avec l'huile d'olive pendant 5 minutes à feu moyen. Lavez et coupez les tomates en deux, ajoutez-les dans la poêle avec les échalotes fondues, salez, poivrez, couvrez puis laissez mijoter pendant 5 minutes.

Ajoutez le vin blanc, le bouquet garni, laissez cuire de nouveau 5 minutes. Ajoutez l'églefin en morceaux, laissez mijoter 10 minutes en retournant à mi-cuisson. Servez aussitôt.

Notre conseil : et si vous vous mettiez au sport ? Sans forcément vous entraîner pour le marathon, pensez au moins aux exercices simples que vous pourriez faire chaque jour : marcher 10 à 15 minutes après le déjeuner, prendre les escaliers, descendre une ou deux stations de bus plus tôt, prendre rendez-vous avec une amie pour aller nager une fois par semaine… Des petits exercices tout simples à faire même si on a peu de temps.

ÉMINCÉ DE VEAU AU BASILIC

251 calories/pers.

4 pers. Préparation : 15 min Cuisson : 30 min

600 g de noix de veau • 200 g de coulis de tomates • 1 cuil. à soupe d'huile d'olive • 1 cuil. à soupe de vinaigre balsamique • 1 bouquet de basilic • 2 gousses d'ail • 1 bouquet garni • sel, poivre

Réalisation

Découpez la noix de veau en cubes (pas trop petits). Faites revenir la viande dans un faitout avec l'huile d'olive pendant 5 minutes en la tournant afin de bien faire dorer les côtés.

Ajoutez le coulis de tomates, l'ail écrasé, le basilic ciselé, le vinaigre et le bouquet garni. Salez, poivrez et couvrez.

Laissez mijoter à feu doux pendant 30 minutes en tournant régulièrement. Retirez le bouquet garni et dressez dans un plat de service. Servez.

Notre conseil : n'attendez pas de ressentir la soif pour boire un verre d'eau. Pour penser à boire régulièrement, ayez toujours avec vous une petite bouteille d'eau (25 ou 50 cl) que vous remplirez régulièrement à une fontaine, vous boirez l'eau plus facilement que dans une grande bouteille.

GRATINÉ DE LOTTE À LA CIBOULETTE

164 calories/pers.

4 pers. **Préparation : 15 min** **Cuisson : 10 min**

600 g de queue de lotte • 10 g de beurre allégé 40 % de MG • 15 cl de vin blanc sec • 1 œuf entier + 2 blancs • 100 g de fromage blanc à 0 % de MG • 10 brins de ciboulette • 1 cuil. à soupe de fond de poisson déshydraté

Réalisation

Préchauffez votre four à 200 °C (th. 6-7). Réhydratez le fond de poisson avec 10 cl d'eau.

Coupez la lotte en petits cubes. Faites les très légèrement dorer avec le beurre (il ne doit pas brunir). Réservez.

Déglacez la poêle avec le vin blanc puis remettez les cubes de lotte dans la poêle, ajoutez le fond de poisson réhydraté, le fromage blanc et la ciboulette ciselée. Laissez épaissir quelques minutes.

Hors du feu, ajoutez l'œuf entier et incorporez les blancs d'œufs battus en neige ferme. Répartissez dans des plats à gratin individuels et placez au four pour environ 10 minutes. Servez aussitôt.

Notre conseil : une fringale et le dîner est encore loin ? Sortez faire un peu d'exercice… En plus de raffermir la silhouette, le sport procure un effet « coupe-faim », encore une bonne raison de vous remettre au sport.

LOTTE AUX SAVEURS DES ÎLES

231 calories/pers.

4 pers. **Préparation : 15 min** **Cuisson : 15 min**

600 g de queue de lotte • 12 crevettes roses épluchées • 6 oignons nouveaux • 1 citron vert • 1 cuil. à café d'huile d'olive • 1 cuil. à soupe de crème 15 % de MG • 10 cl de lait de coco • 1 cuil. à café de gingembre frais émincé • 1 cuil. à café de poudre de curry • 1 branche de menthe fraîche • 3 branches de coriandre fraîche • 10 cl de vin blanc sec • sel, poivre

Réalisation

Émincez les oignons, faites-les suer avec le gingembre et l'huile d'olive à feu doux. Coupez la queue de

lotte en médaillons, passez-la à la poêle avec les oignons en retournant afin de dorer chaque côté. Réservez.
Déglacez la poêle avec le vin blanc sec puis ajoutez la crème, le lait de coco, le curry, un filet de citron. Salez, poivrez. Laissez frémir à feu doux pendant 10 minutes. Remettez les médaillons de lotte et les crevettes dans la poêle et faites réchauffer, toujours à feu doux pendant 5 minutes.
Dressez les médaillons dans des assiettes avec la sauce, parsemez de menthe ciselée et de coriandre, décorez avec quelques tranches de citron découpées en quartiers.

MIGNON DE PORC AU SÉSAME ET SA COMPOTE DE FRUITS

325 calories/pers.

4 pers. **Préparation : 20 min** **Cuisson : 45 min**

600 g de filet mignon • 1 cuil. à soupe d'huile d'olive • 1 cuil. à soupe de graines de sésame • 1 citron • 200 g de pomme épluchée • 200 g de nectarine épluchée • 15 cl de vin blanc sec • coriandre fraîche • sel, poivre

Réalisation

Roulez le filet mignon dans les graines de sésame. Faites-le revenir avec l'huile d'olive dans un faitout pendant 5 minutes en le retournant afin de faire dorer chaque côté. Ajoutez le vin blanc, du sel, du poivre et 10 cl d'eau, couvrez et laissez cuire à feu très doux pendant 40 minutes.

Pendant la cuisson, coupez les fruits en petits cubes, faites fondre les morceaux de pomme et de nectarine légèrement avec 10 cl d'eau. Lorsqu'ils sont bien moelleux, ajoutez la nectarine, de la coriandre et le jus du citron, continuez la cuisson à feu doux pendant 5 minutes en remuant régulièrement. Réservez au chaud en attendant la fin de la cuisson de la viande.

Coupez le filet mignon en tranches et servez accompagné de la compotée de fruits.

Notre conseil : pendant la saison automne-hiver, remplacez les nectarines par des quartiers d'orange… Attention cependant à ne pas reprendre de fruit au cours du repas, contentez-vous d'un laitage au dessert.

MINI-BROCHETTES D'AGNEAU MARINÉ, TOMATES ET ASPERGES VERTES

250 calories/pers.

4 pers. Préparation : 15 min Cuisson : 10 min

500 g de filet d'agneau (ou gigot d'agneau) • 2 tomates olivettes • 16 tomates cerise • 200 g d'asperges vertes • 1 cuil. à soupe de basilic ciselé • 1 citron • 1 gousse d'ail • sel, poivre

Réalisation

Mélangez le jus du citron, l'ail pilé et le basilic. Salez, poivrez. Puis faites mariner l'agneau environ 2 heures. Coupez les tomates en quartiers, faites-les cuire au gril avec les asperges. Réservez au chaud.
Coupez l'agneau en morceaux, préparez les brochettes en alternant agneau et tomates cerise. Faites cuire les brochettes au gril, sans matière grasse et présentez les brochettes accompagnées des tomates et des asperges. Arrosez le tout avec un peu de la marinade restante.

Notre conseil : ces brochettes peuvent aussi bien se faire avec du poulet, du veau ou du bœuf… pour varier les plaisirs !

ŒUFS BROUILLÉS AUX PETITS LÉGUMES

192 calories/pers.

2 pers. **Préparation : 15 min** **Cuisson : 20 min**

4 œufs extra frais • 50 g de haricots verts extra fins surgelés • 10 tomates cerise • 50 g de courgette • 50 g de champignons de Paris • 100 g de fromage blanc à 0 % de MG • persil • sel, poivre

Réalisation

Faites cuire dans une casserole d'eau salée les haricots verts pendant 10 minutes, égouttez-les, coupez-les en petits tronçons d'environ 2 cm. Lavez les champignons et la courgette, coupez-les en tranches fines. Lavez les tomates et coupez-les en deux.

Poêlez les légumes tous ensemble dans une poêle à revêtement antiadhésif. Dans un bain-marie, cassez les œufs, battez-les en incorporant le fromage blanc. Puis, sans cesser de remuer, incorporez la poêlée de légumes. Laissez cuire quelques minutes. Salez, poivrez, ajoutez du persil. Dressez et servez aussitôt.

ŒUFS COCOTTE AUX CHAMPIGNONS DE PARIS

96 calories/pers.

4 pers. **Préparation : 15 min** **Cuisson : 7 min**

4 œufs • 100 g de petits champignons de Paris • 100 g de fromage blanc à 0 % de MG • 1 citron • ciboulette • sel, poivre

Réalisation

Préchauffez votre four à 200 °C (th. 6-7). Lavez les champignons à l'eau courante, tranchez-les en fines lamelles. Faites-les cuire à l'étouffée avec le jus du citron, salez, poivrez. Hors du feu, mélangez les champignons avec le fromage blanc et versez la préparation dans des ramequins individuels.

Cassez délicatement un œuf dans chaque ramequin. Enfournez au bain-marie les ramequins recouverts d'une feuille d'aluminium. Laissez cuire 6 à 7 minutes, jusqu'à ce que les blancs soient cuits.

Notre conseil : ce plat est hyperprotéiné, pauvre en calories et en matières grassse… idéal en entrée pour compléter votre repas et moins craquer sur le dessert…

PAPILLOTES DE LAPIN AU CITRON

231 calories/pers.

4 pers. Préparation : 10 min Cuisson : 50 min

4 cuisses de lapin • 3 citrons pressés • 100 g de tomates séchées • 1 cuil. à café de romarin • 8 gousses d'ail • sel, poivre

Réalisation

Préchauffez votre four à 180 °C (th. 6).

Découpez quatre grandes feuilles d'aluminium. Sur chacune d'elle, déposez une cuisse de lapin, Salez, poivrez, saupoudrez de romarin et parsemez de tomates séchées. Déposez sur chaque feuille, au niveau de l'articulation de la cuisse, deux gousses d'ail en chemise (non épluchées). Arrosez de jus de citron puis fermez hermétiquement les papillotes. Placez-les au four pour 45 à 50 minutes.

À la sortie du four, ouvrez les papillotes en faisant attention de ne pas vous brûler et dressez-les dans des assiettes. Servez immédiatement.

PAVÉS DE SAUMON EN PAPILLOTES

298 calories/pers.

4 pers. **Préparation : 15 min** **Cuisson : 5 à 10 min**

4 beaux filets de saumon (choisissez les queues de saumon, dépourvues d'arrêtes et pensez à faire retirer la peau par votre poissonnier) • 1 citron • 4 oignons nouveaux émincés • quelques baies roses • 4 belles branches d'aneth • 1 cuil. à soupe d'huile d'olive • quelques belles feuilles de verts de poireau • 1 pincée de sel

Réalisation

Nettoyez bien les verts de poireau à l'eau courante. Plongez-les dans l'eau légèrement salée pendant 5 minutes puis égouttez-les. Préchauffez le four à 180 °C (th. 6).

Pour une papillote individuelle : disposez deux feuilles de poireau afin d'y déposer un filet de saumon. Recouvrez le saumon d'oignons, de deux rondelles de citron, d'un filet d'huile d'olive et d'une branche d'aneth. Salez. Fermez la papillote en enroulant la feuille de poireau délicatement. Répétez l'opération pour les autres papillotes. Placez les papillotes au four pour 15 minutes. Servez immédiatement.

Notre conseil : si vous n'avez pas de verts de poireau, remplacez-les par une feuille de papier sulfurisé.

POULET AU MIEL ÉPICÉ

311 calories/pers.

4 pers. **Prép. : 10 min** **Marinade : 1 h** **Cuisson : 30 min**

8 pilons de poulet • 3 cuil. à soupe de miel liquide d'acacia • 1 cuil. à soupe d'épice tandoori • 1 cuil. à soupe de coriandre fraîche ciselée • 2 cuil. à soupe d'huile d'olive • 1 jus de citron

Réalisation

Préparez la marinade en mélangeant l'huile, le miel, les épices, la coriandre et le jus du citron. Retirez la peau des pilons et faites-les mariner pendant 1 heure en les tournant régulièrement afin de bien les envelopper de sauce. Préchauffez votre four à 180 °C (th. 6).

Posez les pilons de poulet dans un plat allant au four, enfournez-les et laissez cuire 15 minutes. Arrosez les pilons avec un peu de marinade et poursuivez la cuisson pendant 15 minutes. Servez accompagné d'une salade ou d'un wok de légumes.

QUEUE DE LOTTE AUX POIVRONS ET BASILIC

198 calories/pers.

4 pers. **Préparation : 25 min** **Cuisson : 20 min**

600 g de queue de lotte • 400 g de poivrons rouges • 1 gousse d'ail • 1 cuil. à soupe d'huile d'olive • 1 cuil. à soupe de crème à 15 % de MG • 2 cuil. à soupe de basilic ciselé • sel, mélange de 5 baies

Réalisation

Préchauffez votre four à 180 °C (th. 6). Lavez et coupez les poivrons en deux, retirez-en les pédoncules et les pépins. Placez-les au four pour 10 minutes, sortez-les dès que leur peau commence à noircir et couvrez-les hermétiquement pour les laisser refroidir. Retirez leur peau. Passez leur pulpe au mixeur avec l'huile d'olive afin d'obtenir une purée lisse.

Faites chauffer cette sauce avec l'ail écrasé à feu doux pendant 5 minutes, ajoutez le basilic, salez et assaisonnez du mélange de 5 baies moulu. Poursuivez la cuisson 5 minutes.

Dans un plat, déposez la queue de lotte coupée en quatre parts. Répartissez la crème sur les morceaux de lotte, salez et ajoutez du mélange de 5 baies moulu. Placez la lotte au four et laissez-la cuire 10 minutes en la couvrant avec du papier d'aluminium. Dressez les assiettes avec la lotte et la sauce aux poivrons. Servez accompagné d'une salade croquante.

BAIES GRATINÉES

163 calories/pers.

4 pers. **Préparation : 20 min** **Cuisson : 10 min**

600 g de baies surgelées entières (mûres, groseilles, framboises, fraises des bois) • 2 œufs entiers + 2 jaunes • 40 g de sucre en poudre • 2 cuil. à café de vanille liquide

Réalisation

Faites décongeler les baies et égouttez-les. Dans une assiette creuse, mélangez les œufs, les jaunes d'œufs, le sucre et la vanille. Préparez un bain-marie avec une casserole d'eau frémissante, posez l'assiette sur la casserole (elle ne doit pas toucher l'eau). Laissez cuire la préparation au bain-marie pendant 10 minutes. Le mélange doit être crémeux et former un ruban. Répartissez les baies dans des coupelles allant au four, versez dessus la préparation aux œufs et faites dorer au gril quelques instants. Servez immédiatement.

CLAFOUTIS AUX FRAISES

232 calories/pers.

4 pers. **Préparation : 30 min** **Cuisson : 40 min**

500 g de fraises • 4 œufs • 100 g de fromage blanc à 0 % de MG • 80 g de farine • 25 cl de lait écrémé • 1 jus de citron • 3 ou 4 gouttes d'édulcorant liquide • 1 pincée de sel

Réalisation

Préchauffez votre four à 175 °C (th. 5-6). Lavez les fraises à l'eau courante, équeutez-les puis coupez-les en morceaux et mettez-les dans un plat. Dans un saladier, battez les œufs en omelette avec le fromage blanc, le jus de citron, l'édulcorant et le sel. Ajoutez la farine en pluie et mélangez bien. Ajoutez progressivement le lait en délayant au fur et à mesure.
Versez la pâte sur les fraises et faites cuire au four pendant 30 à 40 minutes en vérifiant la cuisson à l'aide d'un couteau.

Notre conseil : je préfère utiliser les édulcorants liquides, leur pouvoir sucrant est mieux préservé à la cuisson et leur goût est souvent plus apprécié que celui de l'aspartam. S'ils vous paraissent plus chers à l'achat, sachez qu'ils sont particulièrement économiques et que quelques gouttes suffisent à sucrer un dessert familial ! Cependant, ils ne conviennent pas aux desserts où le sucre apporte une texture ou un volume : dans ce cas, préférez des édulcorants en poudre ou bien diminuez d'un tiers la quantité de sucre de vos recettes habituelles.

GÂTEAU À LA FRAMBOISE

170 calories/pers.

4 pers. **Préparation : 30 min** **Cuisson : 30 min**

2 œufs • 30 g de sucre • 300 g de fromage blanc à 0 % de MG • 30 g de Maïzena • 1 cuil. à soupe de vanille liquide • ½ sachet de levure chimique • 300 g de framboises concassées surgelées • 200 g de framboises fraîches • 1 noix de beurre pour le moule • quelques fruits rouges pour la décoration

Réalisation

Préchauffez votre four à 180 °C (th. 6). Faites décongeler les framboises concassées et égouttez-les. Séparez les blancs des jaunes d'œufs. Battez les jaunes au fouet en ajoutant progressivement le sucre et la vanille liquide. Lorsque le mélange forme une mousse,

ajoutez le fromage blanc, la Maïzena légèrement diluée avec de une cuillerée à café d'eau puis la levure. Beurrez un moule et couvrez le fond avec une feuille de papier sulfurisée (coupez-la à la taille du moule). Versez la moitié de la préparation, déposez les framboises concassées égouttées, puis versez le reste de la préparation. Faites cuire le gâteau au four chaud pendant 30 minutes.
Démoulez-le dès la sortie du four sur une plaque et laissez-le refroidir. Coupez-le en deux dans l'épaisseur et répartissez les framboises fraîches. Refermez et décorez-le avec quelques fruits rouges.

GELÉE DE MIRABELLES AUX FRUITS ROUGES

93 calories/pers.

4 pers. **Prép. : 10 min** **Cuisson : 12 min** **Réfrigération : 1 h**

400 g de mirabelles dénoyautées • 100 g de fruits rouges : framboises, groseilles, mûres, fraises des bois) • 1 citron • 20 cl de jus de pomme • quelques gouttes de vanille liquide • 1 cuil. à café d'agar-agar

Réalisation

Faites cuire les mirabelles à feu doux dans une

casserole avec le jus du citron, le jus de pomme et la vanille pendant 10 minutes. Mixez les mirabelles avec le jus. Remettez les mirabelles dans la casserole et ramenez à ébullition. Ajoutez l'agar-agar et poursuivez la cuisson 2 minutes. Répartissez les mirabelles dans quatre verres et placez au réfrigérateur pour 1 heure. Au moment de servir, répartissez les fruits rouges sur chaque verre.

GRATIN DE POMMES À LA FRAMBOISE

158 calories/pers.

4 pers. **Préparation : 15 min** **Cuisson : 35 min**

600 g de pommes reinettes • 200 g de framboises • 1 citron • quelques gouttes d'édulcorant liquide • quelques gouttes d'extrait de vanille • 200 g de fromage blanc à 0 % de MG • 2 œufs

Réalisation

Préchauffez votre four à 180°C. Lavez les pommes, coupez-les en cubes et faites les fondre à feu doux avec 10 cl d'eau et le jus de citron dans une casserole pendant 10 à 15 minutes. Déposez la compote de pommes dans un plat à gratin.

Battez les œufs avec le fromage blanc, ajoutez l'édulcorant, l'extrait de vanille et mélangez bien. Versez la préparation sur la compote de pommes et passez au four. Laissez cuire 20 à 25 minutes. Couvrez le gratin avec les framboises bien serrées et servez rapidement.

MOUSSE GLACÉE AUX FRUITS ROUGES

57 calories/pers.

4 pers. Préparation : 15 min Réfrigération : 2 h

100 g de framboises concassées • 50 g de myrtilles • 100 g de mûres concassées • 50 g de fraises des bois • 200 g de fromage blanc à 0 % de MG • 2 blancs d'œufs • 3 cuil. à café d'aspartam en poudre

Réalisation

Mixez les fruits rouges ensemble, conservez-en quelques-uns pour la décoration. Incorporez les fruits mixés au fromage blanc, ajoutez l'aspartam.

Montez les blancs d'œufs en neige ferme et incorporez-les délicatement aux fruits. Placez au frais à +3 °C pendant 2 heures. Décorez et servez.

PAPILLOTES DE FRUITS D'ÉTÉ

78 calories/pers.

4 pers. **Préparation : 15 min** **Cuisson : 20 min**

200 g de nectarine jaune • 200 g d'abricots • 200 g de fraises • 100 g de framboises • 8 feuilles de menthe

Réalisation

Préchauffez votre four à 180 °C (th. 6). Lavez les fruits sous l'eau courante. Équeutez les fraises, coupez-les en deux ou quatre suivant leur grosseur. Coupez et dénoyautez la nectarine et les abricots, coupez-les en cubes. Répartissez chaque fruit sur quatre rectangles de papier sulfurisé, fermez les papillotes et placez au four pour 15 à 20 minutes.

Laissez un peu refroidir, ouvrez légèrement chaque papillote, décorez avec les feuilles de menthe et servez tiède.

PARFAITS AU FROMAGE BLANC

50 calories/pers.

4 pers. **Prép. : 15 min** **Cuisson : 5 min** **Réfrigération : 1 h**

300 g de fromage blanc à 0 % de MG • 100 g de framboises surgelées • 50 g de myrtilles surgelées • 1 cuil. à café rase d'Agar-agar • 3 gouttes d'édulcorant liquide • Quelques fruits rouges frais pour la décoration

Réalisation

Laissez décongeler les framboises et les myrtilles, égouttez-les pour en recueillir le jus puis mélangez-les avec le fromage blanc et l'édulcorant. Complétez le jus des fruits rouges avec un peu d'eau afin d'obtenir 5 cl de liquide.

Faites chauffer le jus dans une casserole. À l'ébullition, ajoutez l'agar-agar et poursuivez la cuisson pendant 2 minutes. Mélangez le jus de fruits rouges avec les fruits et le fromage blanc, versez immédiatement dans des ramequins individuels et placez-les au réfrigérateur. Démoulez-les froid et décorez avec les fruits rouges entiers. Placez-les au réfrigérateur pendant 1 heure.

POMMES ET POIRES EN GELÉE

106 calories/pers.

4 pers. **Prép. : 15 min** **Cuisson : 10 min** **Réfrigération : 1 h**

200 g de pomme • 200 g de poire • 50 cl de jus de pomme frais (100 % pur jus) • 1 cuil. à café rase d'agar-agar (2 g)

Réalisation

Pelez et coupez les fruits en très petits cubes, faites-les poêler quelques minutes dans une poêle à revêtement antiadhésif avec deux cuillerées à soupe d'eau pour les ramollir légèrement, puis réservez-les.

Faites chauffer le jus de pomme dans une casserole, ajoutez l'agar-agar et poursuivez la cuisson à ébullition pendant 2 minutes. Déposez les fruits poêlés dans des verrines, ajoutez le jus à l'agar-agar jusqu'à la hauteur des fruits, puis placez les verrines au réfrigérateur pendant 1 heure. Servez frais.

ROULEAUX DE PRINTEMPS AUX FRUITS DE SAISON

99 calories/pers.

4 pers. Préparation : 30 min

16 feuilles de riz • 150 g de framboises • 500 g de fraises • 1 nectarine blanche • 1 mangue • 1 bouquet de menthe fraîche

Réalisation

Lavez les fraises et les framboises à l'eau courante. Coupez la moitié des fraises en quatre. Mixez l'autre moitié afin d'obtenir un coulis, couvrez-le et réservez-le au frais. Épluchez la mangue, coupez-la en bâtonnets. Coupez la nectarine en lamelles.

Faites tremper les feuilles de riz l'une après l'autre dans de l'eau pendant 2 à 3 minutes. Garnissez la partie inférieure de chaque feuille en serrant bien les fruits, ajoutez un peu de menthe ciselée, roulez, pliez puis finissez de rouler afin de maintenir la pliure. Servez frais accompagné du coulis de fraise.

SALADE DE PRINTEMPS

81 calories/pers.

4 pers. **Préparation : 15 min**

200 g de fraises gariguettes • 2 kiwis • 400 g de pêches jaunes • quelques feuilles de menthe

Réalisation

Lavez les fraises sous l'eau courante, équeutez-les et coupez-les dans la longueur. Épluchez les kiwis et coupez-les en rondelles. Lavez et épluchez les pêches, coupez-les en tranches. Mélangez tous les fruits ensemble, délicatement pour ne pas casser les rondelles de kiwi. Ciselez la menthe fraîche et réservez au froid, couvert, jusqu'au moment de servir.

Notre conseil : pour vos salades de fruits, ne mélangez pas plus de trois ou quatre fruits différents afin de ne pas masquer la saveur de certains. Ici, les couleurs, les textures et les goûts de chaque fruit se coordonnent parfaitement… du plaisir en toute simplicité.

SMOOTHIE FRAIS AU MELON

122 calories/pers.

2 pers. **Préparation : 10 min**

1 petit melon • 1 yaourt à 0 % de MG • 1 cuil. à soupe de miel d'acacia • quelques morceaux de pêche pour la décoration • glaçons

Réalisation

Coupez le melon, retirez les pépins et retirez la peau. Coupez la chair grossièrement et passez-la au mixeur avec le yaourt, le miel, l'eau et quelques glaçons. Versez dans des verres et servez très frais en décorant avec des mini brochettes de pêches.

SOUPE DE MIRABELLES AUX BAIES ROUGES

90 calories/pers.

4 pers. **Prép. : 5 min** **Réfrigération : 1 h** **Cuisson : 15 min**

400 g de mirabelles dénoyautées • 200 g de fruits rouges (framboises, groseilles, mûres, fraises des bois) • 1 citron • 10 cl de jus de pomme • ½ cuil. à café de cannelle moulue

Réalisation

Faites cuire les mirabelles à feu doux dans une casserole avec le jus du citron, le jus de pomme et la cannelle pendant 15 minutes. Laissez tiédir puis mixez les mirabelles avec le jus.

Répartissez les mirabelles dans quatre verres et passez au réfrigérateur pendant 1 heure. Au moment de servir, répartissez les fruits rouges sur chaque verre.

VERRINES DE TIRAMISU AUX FRAISES

167 calories/pers.

4 pers. **Préparation : 30 min** **Cuisson : 40 min**

250 g de fraises • 200 g de fromage blanc à 0 % de MG • 1 cuil. à soupe de crème à 15 % de MG • 2 cuil. à soupe d'aspartam en poudre • 8 biscuits spéculoos • 1 gousse de vanille • 1 cuil. à café de cacao maigre • 4 belles feuilles de menthe

Réalisation

Coupez la gousse de vanille dans la longueur, grattez-la afin d'en récupérer les grains. Mélangez dans un bol le fromage blanc avec la crème, la vanille et l'aspartam en poudre.

Lavez, équeutez puis coupez les fraises en petits cubes (réservez-en quatre pour la décoration).

Écrasez au fond de chaque verrine un spéculoos, recouvrez le de fromage blanc puis de dés de fraises, émiettez de nouveau un biscuit, ajoutez une couche de fraises puis une couche de fromage blanc.

Saupoudrez de cacao, décorez avec une fraise finement découpée et une feuille de menthe. Servez très frais.

INDEX DES RECETTES

•

Salades et verrines plaisir **83**

Retrouvez l'auteur sur Internet à cette adresse :
http://www.dietetique-lauras.fr

Dans la collection **Le petit livre de** vous trouverez également **les thématiques** suivantes :

Le petit livre de Cuisine

Le petit livre de Culture générale

Le petit livre de Insolites

Le petit livre de Tourisme

Le petit livre de Langues

Le petit livre de Humour